SORBET: RESEPI YANG MENYEGARKAN UNTUK HIJAU BEKU

Nikmati 100 Rasa Sejuk dan Hebat Sorbet Buatan Sendiri

Jane Sia

hak cipta bahan ©2024

Semua Hak Terpelihara

Tidak bahagian daripada ini buku mungkin jadilah digunakan atau dihantar dalam mana-mana bentuk atau oleh mana-mana bermakna tanpa yang betul bertulis persetujuan daripada yang penerbit dan hak cipta pemilik, kecuali untuk ringkas petikan digunakan dalam a semakan. ini buku sepatutnya bukan jadilah dipertimbangkan a pengganti untuk perubatan, undang-undang, atau lain profesional nasihat.

ISI KANDUNGAN

ISI KANDUNGAN..3
PENGENALAN..7
SORBETS BERRY..8
1. Sorbet strawberi dengan biskut Oreo...............................9
2. Sorbet Raspberi Merah..11
3. Sorbet beri campuran..13
4. Strawberi dan sorbet chamomile...................................15
5. Strawberi, nanas dan sorbet oren..................................17
6. Sorbet pisang-strawberi...19
7. Sorbet Raspberi..21
8. Sorbet strawberi Tristar...23
sorbet eksotik..25
9. Sorbete de Jamaica..26
10. Sorbet Buah Markisa..28
11. Kiwi Sorbet..30
12. Sorbet quince...32
13. Sorbet jambu batu..35
14. Sorbet Halia Delima..37
15. Sorbet Buah Tropika...39
16. Açaí Sorbet...41
17. Sorbet Margarita Tropika..43
18. Laici Rose Sorbet...45
19. Sorbet Limau Betik...47
20. Sorbet Buah Markisa Jambu Batu..............................49
SORBETS BUAH-BUAHAN..51
21. Sorbet Buah Batu...52
22. Lady of the Lake...54
23. Avocado Sorbet..56
24. Sorbet mangga...58
25. Sorbet Gula-gula Tamarind Pedas..............................60
26. Sorbet Epal Cranberi..63

27. Sorbet Tembikai..65
28. Kaktus dayung sorbet dengan nanas dan kapur...........67
29. Sorbet buah alpukat...69
30. Soursop sorbet...71
31. Sorbet Nanas Segar...73
32. Sorbet pic putih...75
33. Sorbet pir..77
34. Sorbet anggur Concord..79
35. Sorbet Mangga Deviled...81
36. Sorbet Aprikot...84
37. Sorbet ceri Bing...86
38. Cantaloupe Sorbet..88
39. Sorbet Ceri...90
40. Sorbet Jus Kranberi..92
41. Sorbet embun madu...94
42. Sorbet Pisang Marcel Desaulnier...................................96
43. Peach, Apricot, atau Pear Sorbet....................................98
44. Sorbet de Poire..100
45. Sorbet Epal tanpa gula...102
SORBETS CITRUS...104
46. Grapefruit Sorbet..105
47. Yuzu Citrus Sorbet...108
48. Sorbet limau oaxacan...110
49. sorbet kapur yang menyegarkan..................................112
50. Lemon sorbet...115
51. Grapefruit dan Gin Sorbet..117
52. Sorbet tembikai dan limau nipis..................................119
53. Lemon dan Chutney Sorbet..121
54. Lemonade Merah Jambu & Sorbet Oreo....................123
55. Sorbet limau gedang ruby...125
56. Sorbet Oren Mandarin...127
57. Susu Mentega-Lemon Sorbet..129
58. Sorbet lada sitrus..131
59. Serbet Limau Kelapa..133
60. Sorbet Limau...135

61. Sorbet Lemon Madu..137
SORBETS HERBA & FLORAL..139
62. Moringa & Blueberry Sorbet...140
63. Sorbet Epal & Pudina..142
64. Komen Malar Sorbet..144
65. Sorbet limau alpukat yang diselitkan ketumbar.........146
66. Sorbet teh hijau..148
67. Teh Earl Grey Sorbet...150
68. Sorbet teh melati..152
69. Sorbet herba nanas...154
70. Lavender Sorbet...156
71. Rose Sorbet..158
72. Hibiscus Sorbet..160
73. Sorbet Bunga Elder...162
SORBETS KACANG..164
74. Almond S orbet..165
75. Sorbet dengan kek beras dan pes kacang merah.........167
76. Sorbet Pistachio...169
77. Sorbet Coklat Hazelnut...171
78. Sorbet Kelapa Gajus..173
79. Walnut Maple Sorbet..175
SORBET ALKOHOL..177
80. Sorbet Bellini...178
81. Strawberi Champagne Sorbet.......................................180
82. Applejack Sorbet dalam Casis......................................182
83. Hibiscus-Sangria Sorbet..184
84. Sorbet koktel champagne..187
85. Pelangi Sorbet..189
86. Lime Daiquiri Sorbet..192
87. Calvados Sorbet...194
SORBETS SAYUR..196
88. Beet Borscht Sorbet...197
89. Tomato dan Basil Sorbet...199
90. Sorbet Timun-Lime Dengan Serrano Chile................201
91. Sorbet Pes Kacang Merah...203

92. Sorbet jagung dan koko...205
93. Sorbet Pudina Timun..207
94. Sorbet Lada Merah Panggang.......................................209
95. Bit dan Sorbet Oren...211
SORBETS SUP...213
96. Gazpacho Sorbet..214
97. Sup Ayam dan Sorbet Dill..216
98. Lobak Merah Halia Sorbet..218
99. Cendawan Consommé Sorbet.......................................220
100. Sorbet Timun Tembikai...222
KESIMPULAN..224

PENGENALAN

Selamat datang ke "Sorbet: Resipi Menyegarkan untuk Hidangan Beku yang Tidak Ditahan." Dalam buku masakan ini, kami menjemput anda dalam perjalanan rasa yang meriah dan menggiurkan yang akan membawa anda ke dunia keseronokan berais. Sorbet, dengan profil buah-buahan yang lazat, tekstur berkrim dan kualiti yang menyegarkan, adalah hidangan yang sempurna untuk hari musim panas yang panas atau pada bila-bila masa anda mengidamkan pencuci mulut sejuk beku yang menarik. Sama ada anda peminat sorbet berpengalaman atau pemula dalam dunia hidangan sejuk beku buatan sendiri, buku masakan ini akan memberikan anda koleksi resipi yang mudah diikuti yang akan meningkatkan kemahiran membuat sorbet anda dan memperkenalkan anda kepada kombinasi rasa yang menarik. Bersedia untuk menerima kemanisan alam semula jadi dan mulakan pengembaraan yang sejuk dan lazat dengan resipi sorbet kami yang lazat.

SORBETS BERRY

1. Sorbet strawberi dengan biskut Oreo

BAHAN-BAHAN:
- 2 tin Strawberi dalam sirap
- 2 sudu teh jus lemon segar
- 1 sudu kecil esen vanila
- 3 cawan strawberi segar berempat
- 2 sudu teh Gula
- 2 sudu besar cuka balsamic
- 4 biji Oreo, hancur

ARAHAN:
a) Letakkan strawberi tin, jus lemon, dan esen vanila dalam pengisar atau pemproses makanan dan nadi sehingga licin, kira-kira 1 minit.
b) Pindahkan campuran ke pembuat ais krim.
c) Proses mengikut arahan pengeluar.
d) Letakkan strawberi segar dalam mangkuk sederhana.
e) Taburkan dengan gula dan toskan dengan teliti.
f) Masukkan cuka balsamic dan kacau perlahan-lahan. Biarkan selama 15 minit, kacau sekali-sekala.
g) Cedok sorbet strawberi ke dalam mangkuk. Bahagikan strawberi ke atas sorbet.
h) Sudukan jus yang terkumpul di dalam mangkuk di atas strawberi kemudian taburkan Oreo di atas strawberi dan hidangkan.

2. Sorbet Raspberi Merah

BAHAN-BAHAN:
- 5 pain raspberi
- 1⅓ cawan gula
- 1 cawan sirap jagung
- ½ cawan vodka

ARAHAN:

a) Prep Pure raspberi dalam pemproses makanan sehingga halus. Tekan melalui penapis untuk mengeluarkan biji.

b) Masak Satukan puri raspberi, gula, dan sirap jagung dalam periuk 4 liter dan biarkan mendidih dengan api sederhana tinggi, kacau untuk melarutkan gula. Keluarkan dari api, pindahkan ke mangkuk sederhana, dan biarkan sejuk.

c) Sejukkan Letakkan asas sorbet di dalam peti sejuk dan sejukkan selama sekurang-kurangnya 2 jam.

d) Bekukan Keluarkan asas sorbet dari peti sejuk dan tambah vodka. Keluarkan kanister beku dari peti sejuk, pasang mesin aiskrim anda dan hidupkannya. Tuangkan asas sorbet ke dalam kanister dan putar sehingga ia menjadi konsisten krim putar yang sangat lembut.

e) Bungkus sorbet ke dalam bekas simpanan. Tekan sehelai kertas kulit terus ke permukaan, dan tutupnya dengan penutup kedap udara.

f) Bekukan di bahagian paling sejuk peti sejuk anda sehingga padat, sekurang-kurangnya 4 jam.

3. Sorbet beri campuran

BAHAN-BAHAN:
- 3 cawan beri campuran
- 1 cawan gula
- 2 cawan air
- Jus 1 biji limau purut
- $\frac{1}{2}$ sudu teh garam halal

ARAHAN:

a) Dalam mangkuk, campurkan semua buah beri dan gula. Biarkan beri memerah pada suhu bilik selama 1 jam sehingga ia mengeluarkan jusnya.

b) Pindahkan beri dan jusnya ke pengisar atau pemproses makanan dan tambah air, jus limau nipis dan garam. Nadi hingga sebati. Pindahkan ke dalam bekas, tutup dan sejukkan sehingga sejuk, sekurang-kurangnya 2 jam, atau sehingga semalaman.

c) Bekukan dan kisar dalam pembuat ais krim mengikut arahan pengilang. Untuk konsistensi lembut, sajikan sorbet dengan segera; untuk konsistensi yang lebih pejal, pindahkan ke dalam bekas, tutupnya, dan biarkan ia mengeras di dalam peti sejuk selama 2 hingga 3 jam.

4. Strawberi dan sorbet chamomile

BAHAN-BAHAN:
- $\frac{3}{4}$ cawan Air
- $\frac{1}{2}$ cawan madu
- 2 sudu besar tunas teh Chamomile
- 15 buah Strawberi besar, beku
- $\frac{1}{2}$ sudu teh Cardamon Kisar
- 2 sudu teh daun pudina segar

ARAHAN:
a) Didihkan air dan masukkan madu, buah pelaga, dan Chamomile.
b) Keluarkan dari api selepas 5 minit dan sejuk sehingga sangat sejuk.
c) Letakkan strawberi beku dalam pemproses makanan dan potong halus.
d) Masukkan sirap sejuk dan gaul sehingga sangat licin.
e) Sudukan dan simpan dalam bekas di dalam peti ais. Hidangkan bersama daun pudina.

5. Strawberi, nanas dan sorbet oren

BAHAN-BAHAN:
- $1\frac{1}{4}$ paun strawberi, dikupas dan dibelah empat
- 1 cawan gula
- 1 cawan nenas potong dadu
- $\frac{1}{2}$ cawan jus oren yang baru diperah
- Jus 1 biji limau nipis
- $\frac{1}{2}$ sudu teh garam halal

ARAHAN:
a) Dalam mangkuk, gaulkan strawberi dan gula.

b) Biarkan beri memerah pada suhu bilik sehingga mengeluarkan jusnya, kira-kira 30 minit.

c) Dalam pengisar atau pemproses makanan, gabungkan strawberi dan jusnya dengan nanas, jus oren, jus limau nipis dan garam. Haluskan hingga halus.

d) Tuangkan adunan ke dalam mangkuk (jika anda lebih suka sorbet yang licin sempurna, tuangkan adunan melalui penapis jaringan halus di atas mangkuk), tutup dan sejukkan sehingga sejuk, sekurang-kurangnya 2 jam atau sehingga semalaman.

e) Bekukan dan kisar dalam pembuat ais krim mengikut arahan pengilang.

f) Untuk konsistensi lembut, sajikan sorbet dengan segera; untuk konsistensi yang lebih pejal, pindahkan ke dalam bekas, tutupnya, dan biarkan ia mengeras di dalam peti sejuk selama 2 hingga 3 jam.

6. Sorbet pisang-strawberi

BAHAN-BAHAN:
- 2 biji pisang masak
- 2 sudu besar jus lemon
- 1½ cawan strawberi beku (tanpa gula).
- ½ cawan jus epal

ARAHAN:

a) Potong pisang menjadi kepingan seperempat inci, salutkannya dengan jus lemon, letakkan di atas kepingan biskut, dan bekukan.

b) Selepas pisang dibekukan, haluskan dengan bahan-bahan yang tinggal di dalam perkakas pilihan anda.

c) Hidangkan segera dalam cawan sejuk. Sisa makanan tidak membeku dengan baik, tetapi ia menjadi perisa yang bagus untuk yogurt buatan sendiri.

7. Sorbet Raspberi

BAHAN-BAHAN:
- 4 auns gula pasir
- 1 paun raspberi segar, dicairkan jika dibekukan
- 1 biji lemon

ARAHAN:
a) Masukkan gula ke dalam periuk dan masukkan 150ml/$\frac{1}{4}$ pain air. Panaskan perlahan-lahan, kacau, sehingga gula larut. Besarkan api dan rebus dengan cepat selama kira-kira 5 minit sehingga adunan kelihatan seperti sirap.

b) Keluarkan dari api dan biarkan sejuk.

c) Sementara itu, masukkan raspberi ke dalam pemproses makanan atau pengisar dan puri sehingga halus. Lulus campuran melalui penapis bukan logam untuk mengeluarkan biji benih.

d) Perah jus daripada lemon.

e) Masukkan sirap ke dalam jag besar dan kacau dalam puri raspberi dan jus lemon.

f) Tutup dan sejukkan selama kira-kira 30 minit atau sehingga sejuk.

g) Masukkan adunan ke dalam mesin aiskrim dan bekukan mengikut arahan.

8. Sorbet strawberi Tristar

BAHAN-BAHAN:
- 2 pain strawberi Tristar, dikupas
- 1 helai gelatin
- 2 sudu besar glukosa
- 2 sudu besar gula
- $\frac{1}{8}$ sudu teh garam halal
- $\frac{1}{8}$ sudu teh asid sitrik

ARAHAN:
a) Haluskan strawberi dalam pengisar. Tapis puri melalui ayak berjaring halus ke dalam mangkuk untuk menapis pips.
b) Kembangkan gelatin.
c) Panaskan sedikit puri strawberi dan pukul dalam gelatin untuk larut. Pukul dalam puri strawberi yang tinggal, glukosa, gula, garam, dan asid sitrik sehingga semuanya larut sepenuhnya dan digabungkan.
d) Tuangkan adunan ke dalam mesin aiskrim anda dan bekukan mengikut arahan pengilang. Sorbet paling baik dipintal sebelum dihidangkan atau digunakan, tetapi ia akan disimpan di dalam bekas kedap udara di dalam peti sejuk sehingga 2 minggu.

sorbet eksotik

9. Sorbete de Jamaica

BAHAN-BAHAN:
- 2½ cawan daun Jamaica kering
- 1 liter air
- ½-auns halia segar, dicincang halus 1 cawan gula
- 1 sudu besar jus limau nipis yang baru diperah
- 2 sudu besar limoncello

ARAHAN:
a) buat teh. Letakkan daun Jamaica dalam periuk atau mangkuk, masak air sehingga mendidih, dan tuangkannya ke atas daun. Tutup dan curam selama 15 minit. Tapis teh dan buang daun Jamaica.

b) Buat asas sorbet. Masukkan halia ke dalam pengisar, tambah 1 cawan teh, dan kisar sehingga tulen sepenuhnya, 1-2 minit. Tambah lagi 1-½ cawan teh dan kacau lagi.

c) Tuangkan asas sorbet ke dalam periuk, masukkan gula, dan biarkan mendidih, kacau untuk melarutkan gula. Keluarkan periuk dari api sebaik sahaja asas sorbet mendidih. Masukkan jus limau nipis dan sejukkan. Sejukkan pangkalan sehingga mencapai 60°F.

d) Bekukan sorbet. Masukkan limoncello ke dalam asas sejuk dan tuangkannya ke dalam pembuat ais krim. Bekukan mengikut arahan pengilang sehingga ia beku tetapi masih cair, 20– 30 minit.

10. Sorbet Buah Markisa

BAHAN-BAHAN:
- 1 sudu teh serbuk gelatin
- 2 biji limau
- 9 auns gula pasir
- 8 buah markisa

ARAHAN:

a) Sukat 2 sudu besar air ke dalam mangkuk atau cawan kecil, taburkan gelatin ke atas, dan biarkan selama 5 minit. Perah jus daripada lemon.

b) Masukkan gula ke dalam periuk dan masukkan 300ml/½ pain air. Panaskan perlahan-lahan, kacau, sehingga gula larut. Besarkan api dan rebus dengan cepat selama kira-kira 5 minit sehingga adunan kelihatan seperti sirap.

c) Keluarkan dari api, masukkan jus lemon kemudian kacau agar-agar sehingga ia larut.

d) Belah separuh buah markisa dan, dengan sudu kecil, cedok biji dan pulpa ke dalam sirap. Biarkan sejuk.

e) Tutup dan sejukkan selama sekurang-kurangnya 30 minit atau sehingga sejuk.

f) Lulus sirap sejuk melalui penapis bukan logam untuk mengeluarkan biji.

g) Masukkan adunan ke dalam mesin aiskrim dan bekukan mengikut arahan.

h) Pindahkan ke dalam bekas yang sesuai dan bekukan sehingga diperlukan.

11. Kiwi Sorbet

BAHAN-BAHAN:
- 8 buah kiwi
- 1⅓ cawan sirap ringkas
- 4 sudu teh jus lemon segar

ARAHAN:
a) Kupas buah Kiwi. Pure dalam pemproses makanan. Anda sepatutnya mempunyai kira-kira 2 cawan puri.
b) Masukkan sirap ringkas dan jus lemon.
c) Tuangkan adunan ke dalam mangkuk pembuat aiskrim dan bekukan. Sila ikuti manual arahan pengilang.

12. Sorbet quince

BAHAN-BAHAN:
- 1½ paun quince masak (kira-kira 4 kecil hingga sederhana)
- 6 cawan air
- 1 (3 inci) keping kayu manis Mexico
- ¾ cawan gula
- Jus ½ lemon
- Secubit garam halal

ARAHAN:
a) Kupas, suku, dan inti quince.
b) Masukkan kepingan dalam periuk dan masukkan air, kayu manis, dan gula.
c) Masak, tidak bertutup, dengan api sederhana, kacau sekali-sekala, sehingga quince sangat lembut, kira-kira 30 minit, pastikan adunan sentiasa dalam keadaan mendidih dan tidak pernah mendidih.
d) Keluarkan dari api, tutup, dan biarkan sejuk selama 2 hingga 3 jam; warna akan menjadi gelap pada masa ini.
e) Keluarkan dan buang kayu manis. Pindahkan campuran quince ke dalam pengisar, tambah jus lemon dan garam, dan puri sehingga halus.
f) Tuangkan adunan melalui penapis jaringan halus yang ditetapkan ke atas mangkuk. Tutup dan sejukkan sehingga sejuk, sekurang-kurangnya 2 jam, atau sehingga semalaman.
g) Bekukan dan kisar dalam pembuat ais krim mengikut arahan pengilang.
h) Untuk konsistensi lembut, sajikan sorbet dengan segera; untuk konsistensi yang lebih pejal, pindahkan ke

dalam bekas, tutup dan biarkan ia mengeras di dalam peti sejuk selama 2 hingga 3 jam

13. Sorbet jambu batu

BAHAN-BAHAN:
- 1 helai gelatin
- 325 g madu jambu batu [1¼ cawan]
- 100 g glukosa [¼ cawan]
- 0.25 g jus limau nipis [⅛ sudu teh]
- 1 g garam halal [¼ sudu teh]

ARAHAN:
a) Kembangkan gelatin.
b) Panaskan sedikit nektar jambu batu dan pukul agar-agar agar larut. Pukul baki nektar jambu batu, glukosa, jus limau nipis, dan garam sehingga semuanya larut sepenuhnya dan sebati.
c) Tuangkan adunan ke dalam mesin aiskrim anda dan bekukan mengikut arahan pengilang. Sorbet paling baik dipintal sebelum dihidangkan atau digunakan, tetapi ia akan disimpan di dalam bekas kedap udara di dalam peti sejuk sehingga 2 minggu.

14. Sorbet Halia Delima

BAHAN-BAHAN:
- 1 cawan gula pasir
- ½ cawan air
- 1 sudu besar halia segar yang dicincang kasar
- 2 cawan 100% jus delima
- ¼ cawan minuman keras St. Germain pilihan

HIASAN:
- aril delima segar pilihan

ARAHAN:
a) Satukan gula, air dan halia dalam periuk kecil. Didihkan, kecilkan api, dan renehkan, kacau sekali-sekala sehingga gula larut sepenuhnya. Pindahkan ke dalam bekas, tutup dan biarkan sejuk sepenuhnya di dalam peti sejuk. Ini akan mengambil masa sekurang-kurangnya 20 hingga 30 minit, atau lebih lama.

b) Setelah sirap ringkas telah sejuk, tapis sirap melalui set ayak berjaring halus di atas mangkuk adunan yang besar. Buang ketulan halia. Masukkan jus delima dan minuman keras St. Germain ke dalam mangkuk dengan sirap. Pukul sebati.

c) Kisar adunan dalam pembuat aiskrim mengikut arahan pengilang. Sorbet sedia apabila ia menyerupai tekstur slushy tebal.

d) Pindahkan sorbet ke dalam bekas kedap udara, tutup permukaan dengan bungkus plastik, dan bekukan selama 4 hingga 6 jam tambahan, atau idealnya semalaman. Hidangkan dan hiaskan dengan aril delima segar.

15. Sorbet Buah Tropika

BAHAN-BAHAN:
- 8 auns buah campuran cincang, seperti mangga, betik, dan nanas
- $5\frac{1}{2}$ auns gula halus
- 1 sudu besar jus limau nipis

ARAHAN:
a) Masukkan buah ke dalam pemproses makanan atau pengisar. Masukkan gula, jus limau nipis, dan 7 auns air. Puree sehingga halus.

b) Pindahkan ke dalam jag, tutup, dan sejukkan selama kira-kira 30 minit atau sehingga sejuk.

c) Masukkan adunan ke dalam mesin aiskrim dan bekukan mengikut arahan.

d) Pindahkan ke dalam bekas yang sesuai dan bekukan sehingga diperlukan.

16. Açaí Sorbet

BAHAN-BAHAN:
- 2 cawan beri biru segar
- sebiji kapur
- 14 auns puri beri Açaí tanpa gula beku tulen
- ½ cawan gula
- ⅔ cawan air

ARAHAN:

a) Hidupkan dapur anda dengan sederhana dan biarkan air mendidih dalam periuk kecil. Setelah mendidih, tuangkan gula dan kacau sehingga larut sepenuhnya.

b) Setelah gula larut, keluarkan periuk dari dapur dan kacau dengan kulit limau nipis. Biarkan ini ke tepi untuk menyejukkan semasa anda mengerjakan bahagian lain sorbet.

c) Keluarkan pengisar anda dan masukkan pulpa beri Açaí, beri biru dan 2 sudu besar jus limau nipis. Tekan butang "kisar" dan haluskan adunan ini sehingga ia menjadi baik dan licin.

d) Sekarang, masukkan gula dan air kapur ke dalam pengisar dan tekan "blend" sekali lagi.

e) Sekarang adunan sudah sebati dengan sempurna, buka mesin aiskrim anda dan tuangkan ke dalam mangkuk. Biarkan ia dipukul selama kira-kira 30 minit atau sehingga sorbet pekat.

f) Pindahkan sorbet ke dalam bekas dan masukkan ke dalam peti sejuk anda. Ia perlu mengambil masa sekurang-kurangnya 2 jam untuk menjadi teguh. Pada ketika itu, anda boleh menjamu diri anda dengan sorbet!

17. Sorbet Margarita Tropika

BAHAN-BAHAN:
- 1 cawan gula
- 1 cawan puri buah markisa
- $1\frac{1}{2}$ paun mangga masak, dikupas, diadu dan dipotong dadu
- Kulit parut 2 biji limau purut
- 2 sudu besar tequila Blanco (putih).
- 1 sudu besar minuman keras oren
- 1 sudu besar sirap jagung ringan
- $\frac{1}{2}$ sudu teh garam halal

ARAHAN:
a) Dalam periuk kecil, satukan gula dan puri buah markisa.
b) Didihkan dengan api sederhana, kacau untuk melarutkan
c) gula. Keluarkan dari api dan biarkan sejuk.
d) Dalam pengisar, satukan campuran buah markisa, mangga kiub, kulit limau nipis, tequila, minuman keras oren, sirap jagung dan garam. Haluskan hingga halus. Tuangkan adunan ke dalam mangkuk, tutup, dan sejukkan sehingga sejuk, sekurang-kurangnya 4 jam atau sehingga semalaman.
e) Bekukan dan kisar dalam pembuat ais krim mengikut arahan pengilang. Untuk konsistensi yang lembut (yang terbaik, pada pendapat saya), sajikan sorbet dengan segera; untuk konsistensi yang lebih pejal, pindahkan ke dalam bekas, tutupnya, dan biarkan ia mengeras di dalam peti sejuk selama 2 hingga 3 jam.

18. Laici Rose Sorbet

BAHAN-BAHAN:
- 2 cawan buah laici dalam tin, toskan
- ½ cawan gula
- ¼ cawan air
- 2 sudu besar air mawar
- Jus 1 biji limau purut

ARAHAN:

a) Dalam pengisar atau pemproses makanan, satukan buah laici, gula, air, air mawar dan jus limau. Kisar hingga sebati.

b) Tuangkan adunan ke dalam pembuat aiskrim dan kisar mengikut arahan pengilang.

c) Setelah dikacau, pindahkan sorbet ke dalam bekas bertutup dan bekukan selama beberapa jam untuk mengeras.

d) Hidangkan sorbet mawar laici dalam mangkuk atau gelas sejuk untuk pencuci mulut yang lembut dan berbunga.

19. Sorbet Limau Betik

BAHAN-BAHAN:
- 2 cawan betik masak, dikupas dan dipotong dadu
- ½ cawan gula
- ¼ cawan air
- Jus 2 biji limau purut
- Kulit limau nipis untuk hiasan (pilihan)

ARAHAN:
a) Dalam pengisar atau pemproses makanan, satukan betik potong dadu, gula, air dan jus limau. Kisar hingga sebati.

b) Tuangkan adunan ke dalam pembuat aiskrim dan kisar mengikut arahan pengilang.

c) Setelah dikacau, pindahkan sorbet ke dalam bekas bertutup dan bekukan selama beberapa jam untuk mengeras.

d) Hidangkan sorbet limau betik dalam mangkuk atau gelas sejuk.

e) Hiaskan dengan perahan limau nipis, jika dikehendaki, untuk pencuci mulut yang menyegarkan dan masam.

20. Sorbet Buah Markisa Jambu Batu

BAHAN-BAHAN:
- 2 cawan pulpa jambu batu (segar atau beku)
- ½ cawan pulpa buah markisa (segar atau beku)
- ½ cawan gula
- Jus 1 biji limau purut

ARAHAN:

a) Dalam pengisar atau pemproses makanan, satukan pulpa jambu batu, pulpa markisa, gula dan jus limau. Kisar hingga sebati.

b) Tuangkan adunan ke dalam pembuat aiskrim dan kisar mengikut arahan pengilang.

c) Setelah dikacau, pindahkan sorbet ke dalam bekas bertutup dan bekukan selama beberapa jam untuk mengeras.

d) Hidangkan sorbet buah markisa jambu dalam mangkuk atau gelas sejuk untuk pencuci mulut tropika yang manis dan masam.

SORBETS BUAH-BUAHAN

21. Sorbet Buah Batu

BAHAN-BAHAN:
- 2 paun buah batu, diadu
- ⅔ cawan gula
- ⅓ cawan sirap jagung ringan
- ¼ cawan vodka buah batu

ARAHAN:
a) Prep Pure buah dalam pemproses makanan sehingga halus.
b) Masak Satukan buah tulen, gula, dan sirap jagung dalam periuk 4 liter dan biarkan mendidih, kacau untuk melarutkan gula. Keluarkan dari api, pindahkan ke mangkuk sederhana, dan biarkan sejuk.
c) Sejukkan Tapis adunan melalui ayak ke dalam mangkuk lain. Letakkan di dalam peti sejuk dan sejuk selama sekurang-kurangnya 2 jam.
d) Bekukan Keluarkan asas sorbet dari peti sejuk dan kacau dalam vodka. Keluarkan kanister beku dari peti sejuk, pasang mesin aiskrim anda dan hidupkannya. Tuangkan asas sorbet ke dalam kanister dan putar sehingga ia menjadi konsisten krim putar yang sangat lembut.
e) Bungkus sorbet ke dalam bekas simpanan. Tekan sehelai kertas kulit terus ke permukaan dan tutupnya dengan penutup kedap udara. Bekukan di bahagian paling sejuk peti sejuk anda sehingga padat, sekurang-kurangnya 4 jam.

22. Lady of the Lake

BAHAN-BAHAN:
- ¼ cawan vodka atau gin
- 2 sudu besar Ais Krim Manis
- Senduk 4-auns Sorbet Buah Batu
- 1 pedang koktel

ARAHAN:
a) Goncang vodka dan ais krim dalam shaker sehingga ais krim cair dan digabungkan.
b) Letakkan sudu sorbet dalam gelas sejuk.
c) Tuangkan vodka di sekelilingnya dan hidangkan.

23. Avocado Sorbet

BAHAN-BAHAN:
- 1 ½ Cawan Swerve
- 4 Cawan Susu Almond, Tanpa Gula
- 4 Avocado Matang, Dikupas, Diadu & Dicop
- 2 Sudu Teh Ekstrak Mangga
- 1 Sudu Teh Garam Laut, Halus
- 4 Sudu Besar Jus Limau

ARAHAN:

a) Kisar semua bahan dalam pengisar sehingga ia benar-benar licin.

b) Isi mesin aiskrim anda separuh dengan adunan dan proses mengikut arahan pengilang.

24. Sorbet mangga

BAHAN-BAHAN:
- jus 1 lemon
- jus ½ oren
- ½ cawan gula halus
- 2 biji mangga masak besar
- 1 putih telur besar, dipukul

ARAHAN:

a) Campurkan jus buah dengan gula. Kupas dan lubangi mangga, kemudian kecilkan daging menjadi puri dalam pengisar. Pindahkan ke dalam mangkuk besar dan kacau dalam jus buah. Masukkan putih telur yang telah dipukul tadi.

b) Tuangkan ke dalam pembuat aiskrim dan proses mengikut arahan pengilang, atau tuangkan ke dalam bekas penyejuk beku dan beku menggunakan kaedah bancuhan tangan .

c) Apabila sorbet pejal, bekukan dalam bekas penyejuk beku selama 15 minit atau sehingga sedia untuk dihidangkan. Jika perlu, keluarkannya dari peti sejuk selama 5 hingga 10 minit sebelum dihidangkan untuk melembutkan. Hidangkan sendiri atau dengan beberapa hirisan mangga dan sedikit sos raspberi .

d) Sorbet ini paling baik dimakan segar, tetapi ia boleh dibekukan sehingga 1 bulan.

25. Sorbet Gula-gula Tamarind Pedas

BAHAN-BAHAN:

- 2 auns buah asam jawa
- 1 cawan air, tambah lagi jika perlu
- 1 cawan gula
- 1 sudu teh garam halal
- 2 hingga 3 sudu teh piquín kisar atau árbol chile
- 3 auns gula-gula asam jawa lembut, koyak menjadi kepingan
- Chamoy (pilihan), tuangkan di atas

ARAHAN:

a) Kupas kulit buah asam jawa dan buangnya, bersama-sama dengan sebarang serpihan bertali. Masukkan pulpa asam jawa dan air dalam periuk sederhana di atas api sederhana dan biarkan mendidih. Kecilkan api dan reneh, kacau dari semasa ke semasa, sehingga asam jawa lembut, kira-kira 30 minit. Biarkan sejuk.

b) Tapis campuran melalui penapis jaringan halus yang ditetapkan di atas mangkuk, menjimatkan kedua-dua pulpa dan cecair. Sukat cecair, tambah lebih banyak air untuk membuat $3\frac{1}{2}$ cawan. Kembalikan cecair ke dalam periuk, masukkan gula, dan masak, kacau berterusan, sehingga gula larut.

c) Tekan pulpa asam jawa melalui penapis (menggunakan tangan anda akan menjadi comot tetapi ia adalah cara terbaik) dan masukkan ke dalam periuk. Masukkan garam dan 1 sudu teh cili, rasa dan tambah lagi sehingga adunan mempunyai haba yang mencukupi, perlu diingat bahawa kepedasan akan berkurangan sedikit apabila sorbet dibekukan. Tutup dan sejukkan sehingga sejuk selama sekurang-kurangnya 4 jam atau sehingga semalaman.

d) Bekukan dan kisar dalam pembuat ais krim mengikut arahan pengilang. Apabila ia telah membeku sebahagiannya, masukkan gula-gula, kemudian teruskan pemprosesan sehingga beku. Pindahkan ke dalam bekas, tutup, dan biarkan mengeras di dalam peti sejuk selama 2 hingga 3 jam. Hidangkan atasnya dengan chamoy jika mahu.

26. Sorbet Epal Cranberi

BAHAN-BAHAN:
- 2 epal emas lazat,
- dikupas,
- Diiris, dan dicincang kasar
- 2 cawan Jus Kranberi

ARAHAN:

e) Dalam periuk bersaiz sederhana, satukan epal dan jus. Panaskan hingga mendidih.

f) Kecilkan api hingga mendidih, tutup dan masak selama 20 minit atau sehingga epal sangat lembut.

g) Buka tutup dan ketepikan untuk menyejukkan ke suhu bilik.

h) Dalam pemproses makanan atau pengisar, tulen epal dan jus sehingga halus.

i) Tuangkan ke dalam pembuat ais krim dan proses menjadi sorbet mengikut arahan pengeluar. (pergi ke 9.) ATAU 6. Jika tidak menggunakan pembuat aiskrim, tuangkan puri ke dalam kuali persegi 9". Tutup dan beku sehingga separa beku - kira-kira 2 jam.

j) Sementara itu, sejukkan mangkuk besar dan pemukul pengadun elektrik.

k) Letakkan puri dalam mangkuk sejuk dan pukul pada kelajuan rendah sehingga kepingan pecah kemudian pukul pada kelajuan tinggi sehingga licin dan gebu -- kira-kira 1 minit.

l) Pek sorbet ke dalam bekas penyejuk beku dan bekukan beberapa jam sebelum dihidangkan.

27. Sorbet Tembikai

BAHAN-BAHAN:
- 1 ½ paun tembikai, ditimbang tanpa biji atau kulit
- 1 ¼ cawan gula pasir
- 2 batang kayu manis
- 2 sudu besar biji ketumbar, ditumbuk
- 3 sudu besar jus lemon

ARAHAN:
a) Kurangkan daging tembikai menjadi puri.
b) Dalam periuk berasaskan berat, larutkan gula dalam 2 cawan air. Masukkan batang kayu manis dan biji ketumbar dan rebus selama 5 minit. Tutup dan biarkan meresap sehingga sejuk.
c) Tapis sirap ke dalam puri tembikai dan kacau dalam jus lemon. Tuang adunan ke dalam bekas. Tutup dan beku sehingga padat, pukul 3 kali pada selang 45 minit.
d) Kira-kira 30 minit sebelum dihidangkan, pindahkan sorbet ke peti sejuk.

28. Kaktus dayung sorbet dengan nanas dan kapur

BAHAN-BAHAN:
- ¾ paun dayung kaktus (nopales), dibersihkan
- 1½ cawan garam laut kasar
- ¼ cawan jus limau nipis yang baru diperah
- 1½ cawan nenas dipotong dadu (kira-kira ½ biji nanas)
- 1 cawan gula
- ¾ cawan air
- 2 sudu besar madu

ARAHAN:
a) Potong dayung kaktus yang telah dibersihkan menjadi segi empat sama kira-kira 1 inci. Dalam mangkuk, toskan kaktus dengan garam.

b) Ketepikan pada suhu bilik selama 1 jam; garam akan mengeluarkan lendir semulajadi daripada kaktus.

c) Pindahkan kaktus ke dalam colander dan bilas di bawah air sejuk yang mengalir untuk mengeluarkan semua garam dan lendir. Toskan dengan baik.

d) Dalam pengisar, haluskan kaktus, jus limau nipis, nanas, gula, air, dan madu sehingga halus.

e) Tuangkan adunan ke dalam mangkuk, tutup, dan sejukkan sehingga sejuk, sekurang-kurangnya 2 jam atau sehingga 5 jam.

f) Bekukan dan kisar dalam pembuat ais krim mengikut arahan pengilang.

g) Untuk konsistensi lembut, sajikan sorbet dengan segera; untuk konsistensi yang lebih pejal, pindahkan ke dalam bekas, tutupnya, dan biarkan ia mengeras di dalam peti sejuk selama 2 hingga 3 jam.

29. Sorbet buah alpukat

BAHAN-BAHAN:
- 2 cawan puri buah markisa beku segar atau dicairkan
- ¾ cawan ditambah 2 sudu besar gula
- 2 buah alpukat masak kecil
- ½ sudu teh garam halal
- 1 sudu besar jus limau nipis yang baru diperah

ARAHAN:
a) Dalam periuk kecil, satukan puri buah markisa dan gula.

b) Masak di atas api sederhana besar, kacau, sehingga gula larut.

c) Keluarkan dari api dan biarkan sejuk ke suhu bilik.

d) Potong avokado separuh memanjang. Keluarkan lubang dan cedok daging ke dalam pengisar atau pemproses makanan.

e) Masukkan campuran buah markisa yang telah disejukkan dan garam dan proses sehingga licin, mengikis bahagian tepi balang atau mangkuk pengisar mengikut keperluan.

f) Masukkan jus limau nipis dan proses sehingga sebati. Tuangkan adunan ke dalam mangkuk, tutup, dan sejukkan sehingga sejuk, kira-kira 2 jam.

g) Bekukan dan kisar dalam pembuat ais krim mengikut arahan pengilang.

h) Untuk konsistensi lembut, hidangkan sorbet dengan segera; untuk konsistensi yang lebih pejal, pindahkan ke dalam bekas, tutupnya, dan biarkan pengerasan di dalam peti sejuk selama 2 hingga 3 jam.

30. Soursop sorbet

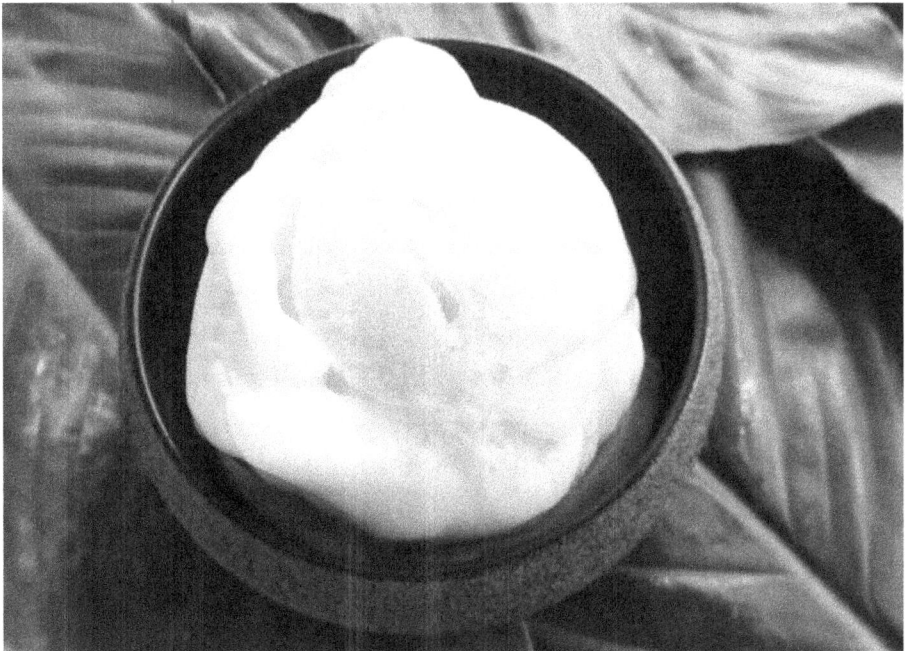

BAHAN-BAHAN:
- 3 cawan pulpa soursop segar (daripada 1 buah besar atau 2 buah kecil)
- 1 cawan gula
- ⅔ cawan air
- 1 sudu besar jus limau nipis yang baru diperah
- Secubit garam halal

ARAHAN:

a) Menggunakan pisau besar, potong sosop separuh memanjang. Menggunakan sudu, cedok daging dan biji ke dalam cawan penyukat; anda memerlukan sejumlah 3 cawan. Buang kulit.

b) Dalam mangkuk, gabungkan soursop dan gula dan campurkan dengan sudu kayu, pecahkan buah sebanyak mungkin. Masukkan air, jus limau nipis, dan garam.

c) Tutup dan sejukkan sehingga sejuk, sekurang-kurangnya 2 jam, atau sehingga semalaman.

d) Bekukan dan kisar dalam pembuat ais krim mengikut arahan pengilang.

e) Untuk konsistensi lembut, sajikan sorbet dengan segera; untuk konsistensi yang lebih pejal, pindahkan ke dalam bekas, tutupnya, dan biarkan pengerasan di dalam peti sejuk selama 2 hingga 3 jam.

31. Sorbet Nanas Segar

BAHAN-BAHAN:
- 1 buah nanas Hawaii masak kecil
- 1 cawan sirap ringkas
- 2 sudu besar jus lemon segar

ARAHAN:
a) Kupas, inti, dan kiub nanas.
b) Letakkan kiub dalam pemproses makanan dan proses sehingga sangat licin dan berbuih.
c) Masukkan sirap ringkas dan jus lemon.
d) Rasa dan tambah lebih banyak sirap atau jus jika perlu.
e) Tuangkan adunan ke dalam mangkuk pembuat aiskrim dan bekukan.
f) Sila ikuti manual arahan pengilang.

32. Sorbet pic putih

BAHAN-BAHAN:
- 5 pic putih masak
- 1 helai gelatin
- $\frac{1}{4}$ cawan glukosa
- $\frac{1}{2}$ sudu teh garam halal
- $\frac{1}{8}$ sudu teh asid sitrik

ARAHAN:
a) Potong pic kepada separuh dan taburkannya. Masukkan mereka ke dalam pengisar dan puri sehingga licin dan homogen, 1 hingga 3 minit.

b) Tuangkan puri melalui ayak berjaring halus ke dalam mangkuk sederhana.

c) Gunakan senduk atau sudu untuk menekan hampas puri untuk mengeluarkan jus sebanyak mungkin; anda hanya perlu membuang beberapa sudu pepejal.

d) Kembangkan gelatin.

e) Panaskan sedikit puri pic dan pukul dalam gelatin untuk larut. Pukul dalam puri pic yang tinggal, glukosa, garam, dan asid sitrik sehingga semuanya larut sepenuhnya dan digabungkan.

f) Tuangkan adunan ke dalam mesin aiskrim anda dan bekukan mengikut arahan pengilang.

g) Sorbet paling baik dipintal sebelum dihidangkan atau digunakan, tetapi ia akan disimpan di dalam bekas kedap udara di dalam peti sejuk sehingga 2 minggu.

33. Sorbet pir

BAHAN-BAHAN:

- 1 helai gelatin
- 2⅓ cawan puri pear
- 2 sudu besar glukosa
- 1 sudu besar kordial bunga elder
- ⅛ sudu teh garam halal
- ⅛ sudu teh asid sitrik

ARAHAN:

a) Kembangkan gelatin.

b) Panaskan sedikit puri pear dan pukul dalam gelatin untuk larut. Pukul dalam puri pear yang tinggal, glukosa, kordial bunga elder, garam, dan asid sitrik sehingga semuanya larut sepenuhnya dan digabungkan.

c) Tuangkan adunan ke dalam mesin aiskrim anda dan bekukan mengikut arahan pengilang. Sorbet paling baik dipintal sebelum dihidangkan atau digunakan, tetapi ia akan disimpan di dalam bekas kedap udara di dalam peti sejuk sehingga 2 minggu.

34. Sorbet anggur Concord

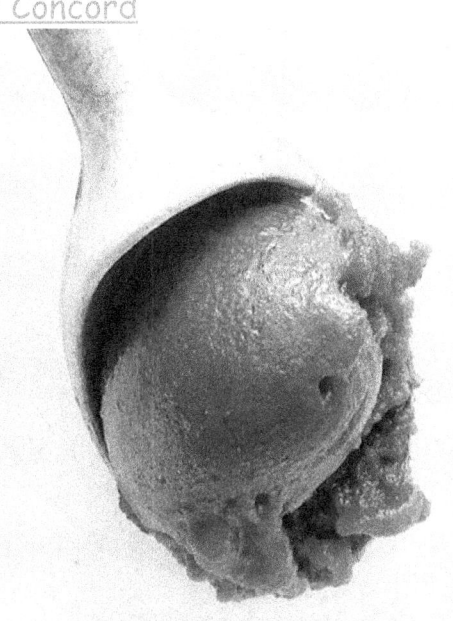

BAHAN-BAHAN:

- 1 helai gelatin
- ½ hidangan Jus Anggur Concord
- 200 g glukosa [½ cawan]
- 2 g asid sitrik [½ sudu teh]
- 1 g garam halal [¼ sudu teh]

ARAHAN:

a) Kembangkan gelatin.

b) Panaskan sedikit jus anggur dan pukul dalam gelatin untuk larut. Pukul dalam baki jus anggur, glukosa, asid sitrik, dan garam sehingga semuanya larut sepenuhnya dan digabungkan.

c) Tuangkan adunan ke dalam mesin aiskrim anda dan bekukan mengikut arahan pengilang. Sorbet paling baik dipintal sebelum dihidangkan atau digunakan, tetapi ia akan disimpan di dalam bekas kedap udara di dalam peti sejuk sehingga 2 minggu.

35. Sorbet Mangga Deviled

BAHAN-BAHAN:
- ⅓ cawan air
- 1 cawan gula
- 2 biji cili piquín
- 5¾ cawan paun mangga masak, dikupas, diadu dan dipotong dadu
- Jus 1 biji limau purut
- ¾ sudu teh garam halal
- 1 sudu teh piquín chile atau lada cayenne kisar

ARAHAN:

a) Dalam periuk kecil, satukan air dan gula. Biarkan mendidih dengan api sederhana, kacau untuk melarutkan gula. Keluarkan dari api, kacau dalam keseluruhan cili, dan biarkan sejuk selama 1 jam.

b) Keluarkan dan buang cili dari sirap gula. Dalam pengisar, satukan sirap gula dan mangga potong dadu dan puri sehingga halus. Masukkan jus limau nipis, garam, dan cili kisar dan gaul hingga sebati.

c) Rasa puri dan, jika dikehendaki, campurkan dengan cili kisar tambahan, dengan mengingati bahawa setelah beku, sorbet akan berasa kurang pedas.

d) Tuangkan adunan melalui penapis jaringan halus yang ditetapkan ke atas mangkuk. Tutup dan sejukkan sehingga sejuk, sekurang-kurangnya 4 jam, atau sehingga semalaman.

e) Bekukan dan kisar dalam pembuat ais krim mengikut arahan pengilang.

f) Untuk konsistensi lembut, sajikan sorbet dengan segera; untuk konsistensi yang lebih pejal, pindahkan ke dalam bekas, tutupnya, dan biarkan ia mengeras di dalam peti sejuk selama 2 hingga 3 jam.

36. Sorbet Aprikot

BAHAN-BAHAN:
- ¾ paun aprikot yang sangat masak dikupas dan diadu
- Jus 1 lemon besar
- ½ cawan gula pasir

ARAHAN:
a) Tulen aprikot ke dalam mangkuk. Masukkan jus lemon dan putar gula dengan pukul dawai.
b) Tuangkan ke dalam bekas, tutup, dan bekukan sehingga padat, pukul 3 kali pada selang 45 minit.
c) Kira-kira 30 minit sebelum dihidangkan, pindahkan sorbet ke peti sejuk.

37. Sorbet ceri Bing

BAHAN-BAHAN:
- 2 tin diadu ceri Bing manis gelap
- 4 sudu besar jus lemon segar
- Bekukan tin ceri yang belum dibuka sehingga pepejal, kira-kira 18 jam.

ARAHAN:
a) Rendam tin dalam air panas selama 1 hingga 2 minit.
b) Buka dan tuangkan sirap ke dalam mangkuk pemproses makanan.
c) Letakkan buah di atas permukaan pemotongan dan potong menjadi kepingan.
d) Masukkan ke dalam mangkuk dan puri hingga halus.
e) Masukkan jus lemon dan proses sehingga sebati.
f) Tutup dan beku sehingga sedia untuk dihidangkan, sehingga 8 jam.

38. Cantaloupe Sorbet

BAHAN-BAHAN:
- 1 tembikai sederhana atau tembikai lain, dibiji
- 1 cawan sirap ringkas (resepi ikut)
- 2 sudu besar jus lemon segar
- beri segar untuk hiasan

ARAHAN:

a) Potong tebu masak segar menjadi kepingan dan purikannya dalam pemproses makanan untuk mengukur kira-kira 3 cawan.

b) Masukkan sirap dan jus lemon. Rasa dengan teliti.

c) Jika tembikai belum masak sepenuhnya, anda mungkin mahu menambah sedikit lagi sirap.

d) Tutup dan bekukan puri buah dalam dulang kiub ais [kami memerlukan 2.5 dulang bernilai].

e) Apabila beku, letakkan beberapa kiub pada satu masa ke dalam pemproses makanan dan puri sehingga halus.

f) Proses seberapa banyak kiub yang anda mahu dan nikmati!

39. Sorbet Ceri

BAHAN-BAHAN:
- Tiga tin 16-auns ceri Bing diadu dalam sirap berat
- 2 cawan sirap ringkas
- $\frac{1}{4}$ cawan jus lemon segar
- $\frac{1}{4}$ cawan air

ARAHAN:

a) Toskan ceri, simpan 2 sudu besar sirap. Letakkan ceri melalui kilang makanan.

b) Masukkan sirap ceri, sirap ringkas, jus lemon, dan air.

c) Tuangkan adunan ke dalam mangkuk pembuat aiskrim dan bekukan. Sila ikuti manual arahan pengilang.

40. Sorbet Jus Kranberi

BAHAN-BAHAN:
- 3 cawan ditambah 6 sudu besar jus kranberi dalam tin atau botol
- $\frac{1}{2}$ cawan ditambah 1 sudu besar sirap ringkas

ARAHAN:
a) Campurkan jus kranberi dan sirap ringkas.
b) Tuangkan adunan ke dalam mangkuk pembuat aiskrim dan bekukan. Sila ikuti manual arahan pengilang.

41. Sorbet embun madu

BAHAN-BAHAN:
- 1 buah tembikai besar yang masak
- ½ cawan sirap gula
- 6 sudu besar jus limau nipis segar
- 6 keping limau nipis untuk hiasan
- 6 tangkai pudina segar untuk hiasan

SIRAP:
- ½ cawan air
- 1 cawan gula

ARAHAN:

a) Untuk sirap, satukan air dan gula dalam kuali. Kacau dengan api sederhana sehingga gula larut.

b) Besarkan api dan biarkan mendidih. Rebus tanpa kacau selama 5 minit.

c) Sejukkan sirap kemudian tutup dan sejukkan sehingga diperlukan.

d) Kupas, biji, dan cincang tembikai. Pure dalam pemproses makanan (kira-kira 4 cawan.) Dalam mangkuk campurkan puri, sirap gula dan jus limau.

e) Bekukan dalam pembuat aiskrim mengikut arahan. Kemudian bekukan di dalam peti sejuk selama 2-3 jam untuk mengeraskannya.

f) Hiaskan dengan hirisan limau nipis dan pudina.

42. Sorbet Pisang Marcel Desaulnier

Menghasilkan 1 ¾ liter

BAHAN-BAHAN:
- 2 cawan air
- 1 ½ cawan gula pasir
- 3 paun pisang, tidak dikupas
- 2 sudu besar jus lemon segar

ARAHAN:
a) Panaskan air dan gula dalam periuk besar di atas api sederhana-tinggi.
b) Pukul untuk melarutkan gula. Biarkan adunan mendidih dan biarkan mendidih sehingga sedikit pekat dan berkurangan kepada 2 ¼ cawan, kira-kira 15 minit.
c) Semasa gula dan air dikurangkan kepada sirap, kupas pisang.
d) Hancurkan mereka kepada konsistensi bertekstur kasar dalam mangkuk keluli tahan karat, menggunakan sudu berlubang (hasil hendaklah kira-kira 3 cawan). Tuangkan sirap mendidih ke atas pisang yang telah dilenyek.
e) Sejukkan dalam tab mandi air ais pada suhu 40 hingga 45°F, selama kira-kira 15 minit.
f) Apabila sejuk, masukkan jus lemon. Bekukan dalam peti sejuk aiskrim mengikut arahan pengilang.
g) Pindahkan sorbet separa beku ke dalam bekas plastik, tutup bekas dengan selamat, dan kemudian letakkan di dalam peti sejuk selama beberapa jam sebelum dihidangkan.
h) Hidangkan dalam masa 3 hari.

43. Peach, Apricot, atau Pear Sorbet

BAHAN-BAHAN:
- 2 (15 auns) tin pic separuh, aprikot, atau
- bahagian pir dalam sirap berat
- 1 sudu besar schnapps pear atau amaretto (pilihan)

ARAHAN:
a) Bekukan tin buah yang belum dibuka selama 24 jam.
b) Keluarkan tin dari peti sejuk; rendamkan dalam air panas selama 1 minit.
c) Buka tin; berhati-hati tuangkan sebarang sirap cair ke dalam pengisar atau pemproses makanan; keluarkan buah dari tin; potong-potong.
d) Tambah ke dalam pengisar. Proses sehingga halus.
e) Tambah minuman keras; proses sehingga digabungkan. Pindahkan ke bekas. Penutup; beku sehingga sedia untuk dihidangkan.

44. Sorbet de Poire

BAHAN-BAHAN:
- Pear dalam tin atau segar
- Jus lemon
- 1 ¾ cawan gula pasir
- 1 cawan air
- 2 biji putih telur

ARAHAN:

a) Kisar pear dalam tin atau segar secukupnya, direndam dengan jus 1 lemon selama 10 minit, untuk membuat 2 cawan puri.

b) Satukan gula dan air, dan rebus selama 5 minit. Campurkan dengan puri dan sejukkan sepenuhnya.

c) Pukul putih telur sehingga kaku dan masukkan ke dalam campuran pear bersama jus 1 lemon (jika lebih banyak lemon diperlukan).

d) Bekukan dalam dulang penyejuk beku mekanikal, kacau jika perlu.

45. Sorbet Epal tanpa gula

BAHAN-BAHAN:
- 3 cawan jus epal tanpa gula
- Satu tin 6-auns jus epal pekat tanpa gula
- 3 sudu besar jus lemon segar

ARAHAN:
a) Letakkan pekat jus epal dan jus lemon dalam mangkuk mesin dan bekukan.

SORBETS CITRUS

46. Grapefruit Sorbet

BAHAN-BAHAN:
- 4 biji limau gedang
- 3 sudu besar jus lemon segar
- ½ cawan sirap jagung ringan
- ⅔ cawan gula
- Aromatik pilihan: Beberapa tangkai tarragon, selasih atau lavender; atau ½ separuh pecahan kacang vanila; biji dikeluarkan
- ¼ cawan vodka

ARAHAN:
a) Persediaan Dengan pengupas, keluarkan 3 jalur semangat daripada 1 limau gedang. Potong semua limau gedang menjadi dua dan perahkan 3 cawan jus daripadanya.

b) Masak Campurkan jus limau gedang, kulit, jus lemon, sirap jagung, dan gula dalam periuk 4 liter dan biarkan mendidih, kacau untuk melarutkan gula. Pindahkan ke mangkuk sederhana, tambah aromatik, jika digunakan, dan biarkan sejuk.

c) Sejukkan Keluarkan kulit limau gedang. Letakkan asas sorbet di dalam peti sejuk dan sejuk selama sekurang-kurangnya 2 jam.

d) Bekukan Keluarkan asas sorbet dari peti sejuk dan tapis sebarang aromatik. Tambah vodka. Keluarkan kanister beku dari peti sejuk, pasang mesin ais krim anda, dan hidupkan. Tuangkan asas sorbet ke dalam kanister dan putar sehingga ia menjadi konsisten krim disebat yang sangat lembut.

e) Bungkus sorbet ke dalam bekas simpanan. Tekan sehelai kertas kulit terus ke permukaan dan tutupnya dengan penutup kedap udara. Bekukan di bahagian paling sejuk peti sejuk anda sehingga padat, sekurang-kurangnya 4 jam.

47. Yuzu Citrus Sorbet

BAHAN-BAHAN:
- 1 biji lemon
- 1 sitrus yuzu
- 6 sudu besar gula
- Kupas daripada ¼ sitrus yuzu
- 250ml air

ARAHAN:
a) Potong limau dan sitrus yuzu separuh, dan jus kedua-duanya.
b) Dalam periuk, satukan jus lemon, jus sitrus yuzu, dan gula, dan panaskan.
c) Tambah 150 ml air dan kacau untuk melarutkan gula.
d) Pindahkan adunan dari periuk ke dalam bekas, kemudian masukkan 100 ml air untuk menyejukkannya.
e) Setelah sejuk, masukkan ke dalam peti sejuk selama kira-kira 3 jam untuk ditetapkan.
f) Setelah campuran telah beku dan set, pindahkan ke pemproses makanan, dan proses.
g) Pindahkan campuran ke dalam bekas dan letakkan di dalam peti sejuk semula selama kira-kira 1 jam, kemudian keluarkan, kacau sebentar, dan pindahkan ke hidangan hidangan.
h) Teratas dengan parutan kulit sitrus yuzu dan hidangkan.

48. Sorbet limau oaxacan

BAHAN-BAHAN:
- 12 biji limau purut, basuh dan keringkan
- 1 cawan gula
- $3\frac{3}{4}$ cawan air
- 1 sudu besar sirap jagung ringan
- Secubit garam halal

ARAHAN:
a) Parut kulit limau, buang sebanyak mungkin kulit hijau dan elakkan empulur putih.
b) Dalam pengisar atau pemproses makanan, gabungkan perahan dan gula dan nadi 4 atau 5 kali untuk mengekstrak minyak semula jadi.
c) Pindahkan adunan gula ke dalam mangkuk, masukkan air, sirap jagung, dan garam, dan pukul sehingga gula larut.
d) Tutup dan sejukkan sehingga sejuk, sekurang-kurangnya 2 jam tetapi tidak lebih daripada 4 jam.
e) Bekukan dan kisar dalam pembuat ais krim mengikut arahan pengilang.
f) Untuk konsistensi lembut, sajikan sorbet dengan segera; untuk konsistensi yang lebih pejal, pindahkan ke dalam bekas, tutupnya, dan biarkan ia mengeras di dalam peti sejuk selama 2 hingga 3 jam.

49. sorbet kapur yang menyegarkan

BAHAN-BAHAN:
- 6 limau nipis berair hijau gelap yang tidak berlilin
- 1 hingga 1 ¼ cawan gula halus
- 1 cawan air
- limau nipis atau daun pudina, untuk hiasan

ARAHAN:
a) Parut kulit 2 biji limau nipis ke dalam mangkuk, kemudian masukkan jus semua limau nipis.
b) Masukkan gula dan air ke dalam mangkuk dan biarkan selama 1 hingga 2 jam di tempat yang sejuk, kacau sekali-sekala, sehingga gula larut.
c) Tuangkan adunan ke dalam pembuat aiskrim dan proses mengikut arahan pengilang, atau bancuhan tangan.
d) Apabila ia pejal, bekukannya dalam bekas penyejuk beku selama 15 minit atau sehingga beberapa jam sebelum dihidangkan. Jika anda membekukannya lebih lama, keluarkannya dari peti sejuk 10 minit sebelum dihidangkan untuk melembutkan. Sorbet ini boleh dibekukan sehingga 3 minggu, tetapi sebaiknya dimakan secepat mungkin.
e) Resipi ini akan mengisi 10 kerang limau. Untuk menghidangkan cara ini, keluarkan satu pertiga bahagian atas limau nipis dengan kemas dan perah jusnya ke dalam mangkuk dengan reamer atau pemerah tangan, berhati-hati agar tidak membelah cengkerang.
f) Angkat dan buang mana-mana pulpa yang tinggal. Sudukan sorbet ke dalam cengkerang dan bekukan sehingga dihidangkan.

g) Masukkan limau nipis atau daun pudina untuk menghiasi setiap kulit limau yang diisi.

50. Lemon sorbet

BAHAN-BAHAN:
- 2 biji limau nipis berair yang besar, dicuci
- ½ cawan gula halus
- 1 ½ cawan air mendidih

ARAHAN:
a) Parut kulit limau nipis ke dalam mangkuk. Perahkan jus lemon (sekurang-kurangnya ¾ cawan) ke dalam mangkuk dan masukkan gula dan air. Kacau rata dan biarkan selama 1 hingga 2 jam di tempat yang sejuk, kacau sekali-sekala, sehingga gula larut. Sejuk.

b) Tuangkan adunan ke dalam pembuat aiskrim dan proses mengikut arahan pengilang, atau tuangkannya ke dalam bekas penyejuk beku dan bekukan mengikut kaedah bancuhan tangan.

c) Apabila sorbet pejal, bekukan dalam bekas penyejuk beku selama 15 hingga 20 minit atau sehingga sedia untuk dihidangkan. Jika perlu, pindahkan ke peti sejuk 10 minit sebelum dihidangkan untuk melembutkan.

d) Sorbet ini tidak baik jika dibekukan lebih lama daripada 2 hingga 3 minggu.

51. Grapefruit dan Gin Sorbet

BAHAN-BAHAN:
- 5½ auns gula pasir
- 18 auns jus limau gedang
- 4 sudu besar gin

ARAHAN:
a) Masukkan gula ke dalam periuk dan masukkan 300ml/½ pain air. Panaskan perlahan-lahan, kacau, sehingga gula larut. Besarkan api dan rebus dengan cepat selama kira-kira 5 minit sehingga adunan kelihatan seperti sirap. Keluarkan dari api dan biarkan sejuk.
b) Kacau jus limau gedang ke dalam sirap.
c) Tutup dan sejukkan selama kira-kira 30 minit atau sehingga sejuk. Kacau dalam gin.
d) Masukkan adunan ke dalam mesin aiskrim dan bekukan mengikut arahan.
e) Pindahkan ke dalam bekas yang sesuai dan bekukan sehingga diperlukan.

52. Sorbet tembikai dan limau nipis

BAHAN-BAHAN:
- 1 buah tembikai besar
- 150g/5½ auns gula halus
- 2 biji limau nipis

ARAHAN:
a) Potong tembikai separuh dan cedok dan buang bijinya. Keluarkan daging dan timbang - anda memerlukan kira-kira 1 paun

b) Masukkan daging tembikai ke dalam pemproses makanan atau pengisar; masukkan gula dan puri hingga rata.

c) Belah limau nipis dan perah jusnya. Masukkan jus limau nipis ke dalam adunan tembikai dan puri sebentar.

d) Pindahkan ke dalam jag, tutup, dan sejukkan selama kira-kira 30 minit atau sehingga sejuk.

e) Masukkan adunan ke dalam mesin aiskrim dan bekukan mengikut arahan.

f) Pindahkan ke dalam bekas yang sesuai atau ke dalam empat acuan dan bekukan sehingga diperlukan.

53. Lemon dan Chutney Sorbet

BAHAN-BAHAN:
- Satu balang chutney 17 auns
- 1 cawan air panas
- 1 sudu besar jus lemon segar

ARAHAN:

a) Letakkan chutney dalam pemproses makanan dan proses unit dengan lancar. Dengan mesin berjalan, miskin dalam air panas, kemudian jus lemon.

b) Tuangkan adunan ke dalam mangkuk pembuat aiskrim dan bekukan.

c) Sila ikuti manual arahan pengilang. 15 hingga 20 minit.

54. Lemonade Merah Jambu & Sorbet Oreo

BAHAN-BAHAN:
- 2 tin Strawberi dalam sirap
- 2 sudu teh limau merah jambu
- 1 sudu kecil esen vanila
- 3 cawan strawberi segar berempat
- 2 sudu teh Gula
- 2 sudu besar cuka balsamic
- 4 biji Oreo, hancur

ARAHAN:
a) Letakkan strawberi tin, limau merah jambu, dan esen vanila dalam pengisar dan nadi sehingga licin, kira-kira 1 minit.

b) Pindahkan campuran ke pembuat ais krim.

c) Proses mengikut arahan pengeluar.

d) Letakkan strawberi segar dalam mangkuk sederhana.

e) Taburkan dengan gula dan toskan dengan teliti.

f) Masukkan cuka balsamic dan kacau perlahan-lahan. Biarkan selama 15 minit, kacau sekali-sekala.

g) Cedok sorbet strawberi ke dalam mangkuk. Bahagikan campuran strawberi segar ke atas sorbet.

h) Taburkan Oreo di atas strawberi dan hidangkan.

55. Sorbet limau gedang ruby

BAHAN-BAHAN:
- 2 limau gedang merah delima atau merah jambu masak
- 1 cawan sirap gula
- 4 sudu besar jus raspberi atau kranberi

ARAHAN:
a) Potong limau gedang separuh. Perah semua jus (jaga kerang jika anda ingin menghidangkan sorbet di dalamnya) dan campurkan dengan sirap dan jus.
b) Berhati-hati keluarkan dan buang mana-mana pulpa yang tinggal di dalam cangkerang.
c) Tuangkan adunan ke dalam pembuat aiskrim dan proses mengikut arahan pengilang, atau tuangkan ke dalam bekas penyejuk beku dan beku menggunakan kaedah bancuhan tangan .
d) Apabila sorbet sudah pejal, masukkan ke dalam kulit limau gedang (jika guna) atau bekas peti sejuk beku dan bekukan selama 15 minit atau sehingga sedia untuk dihidangkan. Jika perlu, keluarkannya dari peti sejuk 5 minit sebelum dihidangkan untuk melembutkan. Potong limau gedang separuh menjadi kepingan untuk dihidangkan.
e) Sorbet ini paling baik dimakan secepat mungkin, tetapi ia boleh dibekukan sehingga 3 minggu.

56. Sorbet Oren Mandarin

BAHAN-BAHAN:
- Lima tin 11-auns oren mandarin dibungkus dalam sirap ringan
- 1 cawan gula halus
- 3 sudu besar jus lemon segar

ARAHAN:
a) Toskan oren dan simpan 2 cawan sirap. Tulen oren dalam pemproses makanan. Masukkan sirap yang dikhaskan, jus lemon, dan gula.
b) Tuangkan adunan ke dalam mangkuk pembuat aiskrim dan bekukan. Sila ikuti manual arahan pengilang.

57. Susu Mentega-Lemon Sorbet

BAHAN-BAHAN:
- 2 cawan susu mentega rendah lemak
- 1 cawan gula
- Perahan 1 lemon
- $\frac{1}{4}$ cawan jus lemon segar

ARAHAN:

a) Dalam mangkuk adunan besar, kacau semua bahan sehingga gula larut sepenuhnya.

b) Tutup dan sejukkan campuran selama kira-kira 4 jam, sehingga ia sangat sejuk.

c) Pindahkan campuran ke pembuat ais krim dan bekukan mengikut arahan pengeluar.

d) Pindahkan sorbet ke dalam bekas selamat beku dan beku selama sekurang-kurangnya 4 jam sebelum dihidangkan.

58. Sorbet lada sitrus

BAHAN-BAHAN:
- 3 Yellow Wax Lada panas, batang dan biji dibuang, dicincang
- 1 ¾ cawan air
- 1 ¼ cawan gula
- 3 oren, dikupas dengan segmen dikeluarkan dari membran
- 2 sudu besar rum gelap
- 4 sudu besar jus lemon atau limau nipis segar
- 3 sudu besar sirap jagung ringan

ARAHAN:

a) Dalam kuali campurkan 1 ¼ cawan air dengan gula. Panaskan sehingga gula larut. Didihkan, keluarkan dari haba, dan sejukkan ke suhu bilik. Sejukkan 2 jam.

b) Tuangkan bahan yang tinggal dengan ½ cawan air. Sejukkan 2 jam.

c) Kacau adunan gula ke dalam buah dan bekukan mengikut arahan.

59. Serbet Limau Kelapa

BAHAN-BAHAN:
- 1 (15 auns) tin krim kelapa
- $\frac{3}{4}$ cawan air
- $\frac{1}{2}$ cawan jus limau segar
- Pilihan: $\frac{1}{2}$ cawan ceri maraschino cincang
- Hiasan: Nanas segar, ceri, hirisan mangga, pisang

ARAHAN:
a) Dalam mangkuk, pukul bahan bersama.
b) Jika anda menambah ceri, lakukan sekarang.
c) Bekukan campuran dalam pembuat ais krim, mengikut arahan pengilang.
d) Pindahkan sorbet ke dalam bekas kedap udara dan masukkan ke dalam peti sejuk untuk mengeras.
e) Pindahkan ke mangkuk hidangan dan hiaskan dengan buah-buahan segar.

60. Sorbet Limau

Menghasilkan 4 hingga 6 hidangan

BAHAN-BAHAN:
- 3 cawan air
- 1 ¼ cawan gula pasir
- ¾ cawan sirap jagung ringan
- 2/3 cawan jus limau segar (4 besar atau 6 limau sederhana)
- Biji limau nipis untuk hiasan (pilihan)

ARAHAN:
a) Satukan air dengan gula dan sirap jagung dalam periuk berat. Kacau dengan api yang tinggi untuk melarutkan gula.

b) Biarkan mendidih. Kecilkan api ke suhu sederhana dan biarkan mendidih selama 5 minit tanpa kacau.

c) Keluarkan dari haba dan biarkan sejuk pada suhu bilik.

d) Masukkan jus limau nipis. Tuangkan ke dalam mangkuk adunan logam dan masukkan ke dalam peti sejuk sehingga padat. Letakkan pemukul di dalam peti sejuk untuk menyejukkan.

e) Keluarkan campuran kapur dari peti sejuk. Pecahkan dengan senduk kayu. Pukul pada kelajuan rendah sehingga bebas daripada ketulan.

f) Kembalikan ke peti sejuk sehingga pejal semula. Pukul semula dengan pemukul sejuk

g) Sorbet akan disimpan di dalam peti sejuk pada konsistensi yang licin selama berminggu-minggu. Jus lemon boleh digantikan dengan jus limau nipis dan pewarna makanan hijau boleh ditambah.

h) Penampilan sorbet limau nipis yang jelas dan bersih tanpa pewarna dengan hiasan hirisan limau adalah cantik.

61. Sorbet Lemon Madu

BAHAN-BAHAN:
- ½ cawan air panas
- 2/3 cawan madu
- 1 sudu besar parutan kulit limau
- 1 cawan jus lemon segar
- 2 cawan air sejuk

ARAHAN:
a) Letakkan air panas, madu, dan kulit ke dalam mangkuk. Kacau sehingga madu larut. Masukkan jus lemon dan air sejuk.

b) Tuangkan adunan ke dalam mangkuk pembuat aiskrim dan bekukan. Sila ikuti manual arahan pengilang

SORBETS HERBA & FLORAL

62. Moringa & Blueberry Sorbet

BAHAN-BAHAN:
- 1 sudu kecil serbuk Moringa
- 1 cawan beri biru beku
- 1 pisang beku
- $\frac{1}{4}$ cawan santan

ARAHAN:
a) Masukkan semua bahan ke dalam pengisar atau pemproses makanan dan kisar sehingga rata.
b) Tambah lebih banyak cecair jika perlu.

63. Sorbet Epal & Pudina

Kira-kira 4-6 hidangan

BAHAN-BAHAN:

- 100g/3½ auns gula pasir keemasan
- 5 tangkai besar pudina
- 425ml/¾ pint jus epal

ARAHAN:

a) Masukkan gula ke dalam periuk dan masukkan tangkai pudina dan 300ml/½ pain air. Panaskan perlahan-lahan, kacau, sehingga gula larut.

b) Besarkan api dan rebus dengan cepat selama kira-kira 5 minit sehingga adunan kelihatan seperti sirap.

c) Keluarkan dari api dan kacau dalam jus epal.

d) Tutup dan sejukkan selama sekurang-kurangnya 30 minit atau sehingga sejuk.

e) Tapis adunan untuk mengeluarkan pudina.

f) Masukkan ke dalam mesin aiskrim dan bekukan mengikut arahan.

g) Pindahkan ke dalam bekas yang sesuai dan bekukan sehingga diperlukan.

64. Komen Malar Sorbet

BAHAN-BAHAN:
- 1 cawan Komen Malar daun teh
- 2 cawan air sejuk
- Empat keping kulit oren 1x3 inci
- 2 cawan sirap ringkas
- 2 cawan jus oren

ARAHAN:
a) Letakkan daun teh, air, dan kulit oren dalam mangkuk. Campurkan sehingga daun teh cukup direndam untuk kekal di bawah air.

b) Letakkan di dalam peti sejuk semalaman.

c) Tuangkan adunan melalui penapis, tekan pada daun teh untuk mendapatkan semua cecair. Anda akan mendapat kira-kira ⅓ cawan teh pekat. Buang daun teh dan kulit oren.

d) Campurkan teh dengan sirap ringkas dan jus oren. Letakkan dalam mangkuk mesin dan beku selama 12 hingga 15 minit.

65. Sorbet limau alpukat yang diselitkan ketumbar

BAHAN-BAHAN:
- 2 Avokado (Dibuang Lubang dan Kulit)
- $\frac{1}{4}$ cawan Erythritol, Serbuk
- 2 limau nipis sederhana, Dijus dan Berzat
- 1 cawan Santan
- $\frac{1}{4}$ sudu teh Stevia Cecair
- $\frac{1}{4}$ - $\frac{1}{2}$ cawan Cilantro, Dicincang

ARAHAN:

a) Didihkan Santan dalam periuk. Tambah perahan limau nipis.

b) Biarkan adunan sejuk dan kemudian beku.

c) Dalam pemproses makanan, gabungkan alpukat, ketumbar, dan jus limau. Pukul sehingga adunan mempunyai tekstur ketul.

d) Tuangkan campuran santan dan stevia cair ke atas alpukat. Pukul adunan bersama sehingga mencapai konsistensi yang sesuai. Ia mengambil masa kira-kira 2-3 minit untuk melakukan tugas ini.

e) Kembali ke peti sejuk untuk mencairkan atau hidangkan segera!

66. Sorbet teh hijau

BAHAN-BAHAN:
- $\frac{3}{4}$ cawan Gula
- 3 cawan teh hijau yang dibancuh panas

ARAHAN:
a) Larutkan gula dalam teh dan sejukkan sehingga sejuk.
b) Bekukan dalam peti sejuk aiskrim mengikut arahan pengilang.

67. Teh Earl Grey Sorbet

BAHAN-BAHAN:
- 1 biji limau nipis yang tidak dililin
- 6 auns gula kastor emas
- 2 uncang teh

ARAHAN:
a) Kupas nipis kulit dari lemon.
b) Masukkan gula ke dalam periuk dengan 600ml (1 pain) air dan panaskan perlahan-lahan sehingga gula larut.
c) Masukkan kulit limau ke dalam adunan gula dan rebus selama 5-10 minit sehingga sedikit sirap.
d) Tuangkan 150ml ($\frac{1}{4}$ pain) air mendidih ke atas uncang teh dan biarkan meresap selama 5 minit.
e) Keluarkan uncang teh (perah minuman keras) dan buangnya.
f) Masukkan minuman keras teh ke dalam larutan gula dan biarkan sejuk.
g) Tutup dan sejukkan selama 30 minit atau sehingga sejuk.
h) Tapis ke dalam mesin aiskrim dan bekukan mengikut arahan.
i) Pindahkan ke dalam bekas, tutup dan simpan di dalam peti sejuk. Ia mungkin perlu dikacau selepas kira-kira 45 minit pertama pembekuan.

68. Sorbet teh melati

BAHAN-BAHAN:
- 1 ¼ cawan teh melati, sejuk
- ¼ cawan sirap gula , sejuk
- 1 hingga 2 sudu teh jus lemon
- 1 putih telur sederhana

ARAHAN:

a) Campurkan teh, sirap gula, dan jus lemon. Tuangkan ke dalam pembuat aiskrim dan proses mengikut arahan pengilang, atau tuangkan ke dalam bekas penyejuk beku dan beku menggunakan kaedah bancuhan tangan . Kisar sehingga sebati.

b) Pukul putih telur sehingga membentuk soft peak, kemudian masukkan ke dalam sorbet. Teruskan mengaduk dan membekukan sehingga padat. Bekukan selama 15 minit sebelum dihidangkan atau sehingga diperlukan.

c) Sorbet ini mempunyai rasa yang sangat halus dan paling baik dimakan dalam masa 24 jam. Hidangkan dengan biskut badam rangup atau tuiles.

69. Sorbet herba nanas

BAHAN-BAHAN:
- 1 biji nanas kecil, dibuang biji, dikupas dan dipotong menjadi kepingan
- 1 cawan gula
- 1 cawan air
- Jus 1 biji limau purut
- ½ sudu teh garam halal
- 2 sudu besar herba cincang, seperti pudina, basil, atau rosemary

ARAHAN:
a) Dalam pengisar atau pemproses makanan, haluskan ketulan nanas, gula, air, jus limau nipis dan garam sehingga halus.
b) Masukkan herba dan nadi sehingga herba dipecahkan kepada bintik hijau.
c) Tuangkan adunan ke dalam mangkuk, tutup, dan sejukkan asas sehingga sejuk, sekurang-kurangnya 3 jam atau sehingga semalaman.
d) Pukul asas perlahan-lahan untuk menggabungkan semula. Bekukan dan kisar dalam pembuat ais krim mengikut arahan pengilang.
e) Untuk konsistensi lembut, sajikan sorbet dengan segera; untuk konsistensi yang lebih pejal, pindahkan ke dalam bekas, tutupnya, dan biarkan ia mengeras di dalam peti sejuk selama 2 hingga 3 jam.

70. Lavender Sorbet

BAHAN-BAHAN:
- 2 cawan air
- 1 cawan gula
- 2 sudu besar bunga lavender kering
- 1 sudu besar jus lemon

ARAHAN:

a) Dalam periuk, satukan air dan gula. Panaskan dengan api sederhana sehingga gula larut sepenuhnya.

b) Angkat dari api dan masukkan bunga lavender kering. Biarkan ia curam selama 10-15 minit.

c) Tapis adunan untuk mengeluarkan bunga lavender.

d) Masukkan jus lemon.

e) Tuangkan adunan ke dalam pembuat aiskrim dan kisar mengikut arahan pengilang.

f) Setelah dikacau, pindahkan sorbet ke dalam bekas bertutup dan bekukan selama beberapa jam untuk mengeras.

g) Hidangkan sorbet lavender dalam mangkuk atau gelas sejuk untuk pencuci mulut yang harum dan menenangkan.

71. Rose Sorbet

BAHAN-BAHAN:
- 2 cawan air
- 1 cawan gula
- $\frac{1}{4}$ cawan kelopak mawar kering
- 2 sudu besar jus lemon
- 1 sudu besar air mawar (pilihan)

ARAHAN:
a) Dalam periuk, satukan air dan gula. Panaskan dengan api sederhana sehingga gula larut sepenuhnya.

b) Angkat dari api dan masukkan kelopak bunga ros kering. Biarkan ia curam selama 10-15 minit.

c) Tapis adunan untuk mengeluarkan kelopak bunga ros.

d) Masukkan jus lemon dan air mawar (jika guna).

e) Tuangkan adunan ke dalam pembuat aiskrim dan kisar mengikut arahan pengilang.

f) Setelah dikacau, pindahkan sorbet ke dalam bekas bertutup dan bekukan selama beberapa jam untuk mengeras.

g) Hidangkan sorbet mawar dalam mangkuk atau gelas sejuk untuk pencuci mulut yang lembut dan berbunga.

72. Hibiscus Sorbet

BAHAN-BAHAN:
- 2 cawan air
- 1 cawan gula
- $\frac{1}{4}$ cawan bunga raya kering
- 2 sudu besar jus lemon

ARAHAN:
a) Dalam periuk, satukan air dan gula. Panaskan dengan api sederhana sehingga gula larut sepenuhnya.
b) Angkat dari api dan masukkan bunga raya kering. Biarkan ia curam selama 10-15 minit.
c) Tapis adunan untuk mengeluarkan bunga raya.
d) Masukkan jus lemon.
e) Tuangkan adunan ke dalam pembuat aiskrim dan kisar mengikut arahan pengilang.
f) Setelah dikacau, pindahkan sorbet ke dalam bekas bertutup dan bekukan selama beberapa jam untuk mengeras.
g) Hidangkan sorbet bunga raya dalam mangkuk atau gelas sejuk untuk pencuci mulut yang bertenaga dan masam.

73. Sorbet Bunga Elder

BAHAN-BAHAN:
- 2 cawan air
- 1 cawan gula
- $\frac{1}{4}$ cawan kordial bunga tua
- 2 sudu besar jus lemon

ARAHAN:

a) Dalam periuk, satukan air dan gula. Panaskan dengan api sederhana sehingga gula larut sepenuhnya.

b) Keluarkan dari api dan kacau dalam kordial bunga elder dan jus lemon.

c) Biarkan campuran sejuk ke suhu bilik.

d) Tuangkan adunan ke dalam pembuat aiskrim dan kisar mengikut arahan pengilang.

e) Setelah dikacau, pindahkan sorbet ke dalam bekas bertutup dan bekukan selama beberapa jam untuk mengeras.

f) Hidangkan sorbet bunga elder dalam mangkuk atau gelas sejuk untuk pencuci mulut yang lembut dan berbunga.

SORBETS KACANG

74. Almond Sorbet

BAHAN-BAHAN:
- 1 cawan Badam rebus; dibakar
- 2 cawan Mata air
- $\frac{3}{4}$ cawan gula
- 1 secubit Kayu manis
- 6 sudu besar Sirap jagung ringan
- 2 sudu besar Amaretto
- 1 sudu kecil kulit limau

ARAHAN:
a) Dalam pemproses makanan, kisar badam hingga menjadi serbuk. Dalam periuk besar, satukan air, gula, sirap jagung, minuman keras, kulit, dan kayu manis, kemudian masukkan kacang tanah.

b) Dengan api sederhana, kacau sentiasa sehingga gula larut dan adunan mendidih. 2 minit semasa mendidih

c) Ketepikan untuk menyejukkan Dengan menggunakan pembuat aiskrim, kisar adunan sehingga separa beku.

d) Jika anda tidak mempunyai pembuat ais krim, pindahkan adunan ke dalam mangkuk keluli tahan karat dan beku sehingga keras, kacau setiap 2 jam.

75. Sorbet dengan kek beras dan pes kacang merah

BAHAN-BAHAN:
UNTUK SORBET
- 2 sudu besar susu pekat, manis
- 1 cawan susu

UNTUK BERKHIDMAT
- 3 keping kuih pulut, disalut dengan serbuk kacang soya panggang, dipotong dadu ¾ inci
- 4 sudu teh serpihan badam semulajadi
- 2 sudu makan kek nasi mochi mini
- 2 sudu pes kacang merah manis
- 4 sudu teh serbuk pelbagai bijirin

ARAHAN:
a) Kisar susu pekat dan susu dalam cawan dengan bibir untuk dituang.
b) Letakkan adunan ke dalam dulang ais dan beku sehingga ia menjadi bongkah ais, kira-kira 5 jam.
c) Setelah set, keluarkan dan masukkan ke dalam pengisar, dan nadi sehingga halus.
d) Masukkan semua bahan ke dalam mangkuk hidangan yang telah disejukkan.
e) Di dasar letakkan 3 sudu besar sorbet, kemudian taburkan dengan 1 sudu teh serbuk pelbagai bijirin.
f) Seterusnya masukkan lagi 3 sudu besar sorbet, diikuti dengan lebih banyak serbuk bijirin.
g) Sekarang letakkan di atas, kek beras dan pes kacang.
h) Taburkan dengan badam dan hidangkan.

76. Sorbet Pistachio

BAHAN-BAHAN:
- 1 cawan pistachio bercengkerang
- ½ cawan gula
- 2 cawan air
- 1 sudu besar jus lemon

ARAHAN:
a) Dalam pengisar atau pemproses makanan, kisar pistachio menjadi serbuk halus.

b) Dalam periuk, satukan pistachio yang dikisar, gula, air dan jus lemon. Biarkan adunan mendidih dengan api sederhana, kacau sehingga gula larut.

c) Keluarkan dari haba dan biarkan campuran sejuk ke suhu bilik.

d) Tapis adunan melalui ayak berjaring halus untuk mengeluarkan sebarang pepejal.

e) Tuangkan adunan yang ditapis ke dalam pembuat aiskrim dan kisar mengikut arahan pengilang.

f) Setelah dikacau, pindahkan sorbet ke dalam bekas bertutup dan bekukan selama beberapa jam untuk mengeras.

g) Hidangkan sorbet pistachio dalam mangkuk atau gelas sejuk untuk pencuci mulut yang menarik dan pedas.

77. Sorbet Coklat Hazelnut

BAHAN-BAHAN:
- 1 cawan susu hazelnut
- $\frac{1}{2}$ cawan gula
- $\frac{1}{4}$ cawan serbuk koko
- $\frac{1}{2}$ sudu teh ekstrak vanila
- Secubit garam

ARAHAN:
a) Dalam periuk, pukul bersama susu hazelnut, gula, serbuk koko, ekstrak vanila, dan garam. Panaskan dengan api sederhana sehingga adunan sebati dan gula larut.

b) Keluarkan dari haba dan biarkan campuran sejuk ke suhu bilik.

c) Pindahkan campuran ke pembuat ais krim dan kisar mengikut arahan pengilang.

d) Setelah dikacau, pindahkan sorbet ke dalam bekas bertutup dan bekukan selama beberapa jam untuk mengeras.

e) Hidangkan sorbet coklat hazelnut dalam mangkuk atau gelas sejuk untuk pencuci mulut yang kaya dan memanjakan.

78. Sorbet Kelapa Gajus

BAHAN-BAHAN:
- 1 cawan susu gajus
- $\frac{1}{2}$ cawan santan
- $\frac{1}{2}$ cawan gula
- $\frac{1}{2}$ sudu teh ekstrak vanila
- Beri, untuk hiasan

ARAHAN:

a) Dalam periuk, pukul bersama susu gajus, santan, gula dan ekstrak vanila. Panaskan dengan api sederhana sehingga adunan sebati dan gula larut.

b) Keluarkan dari haba dan biarkan campuran sejuk ke suhu bilik.

c) Pindahkan campuran ke pembuat ais krim dan kisar mengikut arahan pengilang.

d) Setelah dikacau, pindahkan sorbet ke dalam bekas bertutup dan bekukan selama beberapa jam untuk mengeras.

e) Hidangkan sorbet kelapa gajus dalam mangkuk atau gelas sejuk untuk pencuci mulut berkrim dan tropika.

f) Teratas dengan beri.

79. Walnut Maple Sorbet

BAHAN-BAHAN:
- 1 cawan susu walnut
- $\frac{1}{2}$ cawan sirap maple
- $\frac{1}{4}$ cawan gula
- $\frac{1}{2}$ sudu teh ekstrak vanila

ARAHAN:
a) Dalam periuk, pukul bersama susu walnut, sirap maple, gula, dan ekstrak vanila. Panaskan dengan api sederhana sehingga adunan sebati dan gula larut.
b) Keluarkan dari haba dan biarkan campuran sejuk ke suhu bilik.
c) Pindahkan campuran ke pembuat ais krim dan kisar mengikut arahan pengilang.
d) Setelah dikacau, pindahkan sorbet ke dalam bekas bertutup dan bekukan selama beberapa jam untuk mengeras.
e) Hidangkan sorbet maple walnut dalam mangkuk atau gelas sejuk untuk pencuci mulut pedas dan manis secara semula jadi.

SORBET ALKOHOL

80. Sorbet Bellini

BAHAN-BAHAN:
- 4 buah pic masak, dikupas, diadu, dan tulen dalam pemproses makanan
- ⅔ cawan gula
- ¼ cawan sirap jagung ringan
- ⅔ cawan Burgundy putih
- 3 sudu besar jus lemon segar

ARAHAN:
a) Masak Satukan pic tulen, gula, sirap jagung, wain, dan jus lemon dalam periuk sederhana dan biarkan mendidih, kacau sehingga gula larut. Pindahkan ke mangkuk sederhana dan biarkan sejuk.

b) Sejukkan Letakkan asas sorbet di dalam peti sejuk dan sejukkan selama sekurang-kurangnya 2 jam.

c) Bekukan Keluarkan kanister beku dari peti sejuk, pasang mesin aiskrim anda dan hidupkannya. Tuangkan asas sorbet ke dalam kanister dan putar sehingga ia menjadi konsisten krim putar yang sangat lembut.

d) Bungkus sorbet ke dalam bekas simpanan. Tekan sehelai kertas kulit terus ke permukaan dan tutupnya dengan penutup kedap udara. Bekukan di bahagian paling sejuk peti sejuk anda sehingga padat, sekurang-kurangnya 4 jam.

81. Strawberi Champagne Sorbet

BAHAN-BAHAN:
- 4 cawan strawberi segar, dicuci dan dikupas
- 1 ½ cawan champagne atau prosecco
- ⅓ cawan gula pasir

ARAHAN:
a) Masukkan semua bahan ke dalam pengisar dan kisar sehingga rata.
b) Pindahkan campuran ke pembuat ais krim dan kisar mengikut arahan pengilang .
c) Makan segera atau pindahkan ke bekas kalis beku untuk disejukkan sehingga pejal.

82. Applejack Sorbet dalam Casis

BAHAN-BAHAN:
- 2 ¾ cawan air sejuk
- 1 (1-inci) batang kayu manis
- 1 ½ cawan gula pasir
- Secubit garam
- ¼ cawan epal
- 4 sudu besar jus lemon
- 1 sudu besar kulit oren parut

ARAHAN:

a) Satukan dalam periuk air sejuk, kayu manis, gula, garam, dan epal.

b) Kacau sehingga gula larut. Bawa hingga takat didih dan rebus selama 5 minit tanpa kacau.

c) Tapis cecair ke dalam periuk atau mangkuk besar dan sejukkan sedikit.

d) Kacau jus lemon yang ditapis dan kulit oren parut ke dalam adunan.

e) Sejukkan dengan teliti dan sejukkan sebelum beku.

83. Hibiscus-Sangria Sorbet

BAHAN-BAHAN:
- 2 cawan wain merah
- 1 cawan air
- $1\frac{1}{2}$ cawan bunga raya kering
- 2 sudu besar sirap jagung ringan
- 1 cawan gula
- Kulit parut dan jus 1 oren kecil
- 1 pic kecil
- 1 biji epal tart kecil
- $\frac{1}{2}$ cawan anggur merah
- $\frac{1}{2}$ cawan strawberi

ARAHAN:
a) Dalam periuk, satukan wain, air, bunga raya, sirap jagung, dan $\frac{3}{4}$ cawan gula. Didihkan dengan api sederhana dan masak selama 5 minit, kacau untuk melarutkan gula.

b) Keluarkan dari api, kacau dalam kulit oren dan jus, dan biarkan sejuk pada suhu bilik.

c) Tuangkan adunan melalui penapis jaringan halus yang ditetapkan ke atas mangkuk. Tutup dan sejukkan sehingga sejuk, sekurang-kurangnya 3 jam, atau sehingga semalaman.

d) Kira-kira 15 minit sebelum anda bersedia untuk membekukan sorbet, lubangi dan potong pic. Inti dan potong epal halus. Potong buah anggur separuh.

e) Hull dan potong strawberi halus. Satukan semua buah dalam mangkuk, masukkan baki $\frac{1}{4}$ cawan gula, dan toskan hingga sebati. Mengetepikan.

f) Bekukan dan kacau adunan bunga raya dalam pembuat aiskrim mengikut arahan pengilang.

g) Apabila sorbet telah selesai dikisar, toskan adunan buah dalam penapis jaringan halus, kemudian campurkan buah ke dalam sorbet.

h) Pindahkan ke dalam bekas, tutup, dan biarkan mengeras di dalam peti sejuk selama 2 hingga 3 jam.

84. Sorbet koktel champagne

BAHAN-BAHAN:
- 1 ½ cawan air, sejukkan
- ½ cawan jus limau gedang
- 1 cawan gula halus
- 1 ½ cawan champagne atau wain putih kering berkilauan, disejukkan
- 1 putih telur sederhana

ARAHAN:

a) Campurkan air, jus limau gedang, dan gula. Sejukkan sehingga gula larut. Masukkan champagne atau wain berkilauan.

b) Tuangkan ke dalam pembuat aiskrim dan proses mengikut arahan pengilang, atau ke dalam bekas penyejuk beku dan beku menggunakan kaedah bancuhan tangan. Kisar sehingga ia menjadi cair.

c) Pukul putih telur sehingga membentuk soft peak. Masukkan ke dalam mangkuk sorbet semasa mengaduk, atau lipat ke dalam adunan dalam bekas penyejuk beku. Teruskan sehingga kukuh. Bekukan selama sekurang-kurangnya 20 minit untuk mengeras sebelum dihidangkan. Hidangkan sorbet terus dari peti sejuk, kerana ia cair dengan cepat.

d) Sebelum dihidangkan, bekukan gelas sebentar, dengan titisan brendi, Cassis atau Fraise di pangkalannya.

e) Jangan simpan lebih lama daripada beberapa hari.

85. Pelangi Sorbet

BAHAN-BAHAN:

- 1 (16 auns) tin pear yang dihiris atau dibelah dua dalam sirap berat
- 2 sudu besar minuman keras Poire William
- 1 (16 auns) tin pic yang dihiris atau dibelah dua dalam sirap berat
- 2 sudu besar bourbon
- 1 (20 auns) boleh dihancurkan nanas dalam sirap berat
- 3 sudu besar rum gelap
- 2 sudu besar krim kelapa dalam tin
- 1 (16 auns) tin bahagian aprikot dalam sirap berat
- 2 sudu besar amaretto
- 1 (17 auns) tin plum dalam sirap berat
- 4 sudu besar creme de cassis
- $\frac{1}{4}$ sudu teh kayu manis

ARAHAN:

a) Bekukan tin buah yang belum dibuka sehingga pepejal beku, sekurang-kurangnya 18 jam.

b) Rendam tin yang belum dibuka dalam air panas selama 1 hingga 2 minit.

c) Buka tin dan tuangkan sirap ke dalam mangkuk pemproses makanan. Keluarkan hujung tin yang satu lagi dan balikkan buahnya ke permukaan pemotongan.

d) Potong menjadi kepingan 1-inci, kemudian potong menjadi kepingan dan masukkan ke dalam mangkuk pemproses. Proses, berdenyut dan matikan, sehingga licin. Masukkan baki bahan dan proses hanya untuk sebati.

e) Hidangkan segera atau masukkan ke dalam mangkuk, tutup dan beku sehingga sedia untuk dihidangkan, sehingga 8 jam.

86. Lime Daiquiri Sorbet

BAHAN-BAHAN:
- 2 ½ cawan jus limau segar (10 hingga 12 limau besar)
- Kulit parut 3 biji limau purut
- 1 ⅓ cawan gula pasir
- 1 cawan rum
- ½ cawan air

ARAHAN:
a) Proses semua bahan dalam pengisar atau pemproses makanan yang dipasang dengan bilah logam.

b) Bekukan dalam pembuat aiskrim, mengikut arahan pengilang.

87. Calvados Sorbet

BAHAN-BAHAN:
- 1 ¾ cawan ditambah 2 sudu besar Calvados
- 3 sudu besar sirap ringkas

ARAHAN:
a) Panaskan 1 ½ cawan Calvados dalam periuk dengan api sederhana sehingga suam.

b) Matikan api, berdiri ke belakang, dan sentuh mancis yang menyala ke Calvados.

c) Biarkan ia menyala sehingga api padam, kira-kira 8 minit. Masukkan baki 6 sudu besar.

d) Calvados dan sirap ringkas

e) Tuangkan adunan ke dalam mangkuk pembuat aiskrim dan bekukan. Sila ikuti manual arahan pengilang. 30 minit.

SORBETS SAYUR

88. Beet Borscht Sorbet

BAHAN-BAHAN:
- 1 paun bit
- 5 cawan air
- 2 ½ sudu teh cuka putih
- 2 sudu besar jus lemon segar
- ¾ sudu kecil asid sitrik (garam masam) hablur ½ hingga ¾ cawan gula
- 2 ¼ sudu teh garam Krim masam Dill cincang

ARAHAN:
a) Basuh dan gosok bit dengan baik. Potong semua kecuali 1 inci batang.
b) Masukkan bit dalam periuk dengan air. Letakkan di atas api besar dan biarkan mendidih.
c) Tutup kuali, kecilkan api hingga mendidih, dan masak selama 20 hingga 40 minit, atau sehingga bit boleh dipotong dengan lidi.
d) Ketepikan untuk menyejukkan sedikit.
e) Tapis bit melalui penapis mesh halus ke dalam kuali. Simpan bit untuk kegunaan lain.
f) Sukat cecair dan tambah air secukupnya untuk membuat 4 cawan. Semasa cecair masih panas, masukkan cuka, jus lemon, asid sitrik, gula, dan garam. Kacau hingga larut.
g) Rasa dan betulkan perasa jika perlu. Kesannya harus manis dan masam.
h) Sejukkan borscht dengan teliti. Tuangkan ke dalam mangkuk mesin dan bekukan.
i) Hiaskan dengan sebiji krim masam dan taburan dill segar.

89. Tomato dan Basil Sorbet

BAHAN-BAHAN:
- 5 biji tomato masak segar
- ½ cawan jus lemon segar
- 1 sudu teh garam
- ½ cawan sirap ringkas
- 1 sudu besar pes tomato
- 6 helai daun selasih segar, dicincang kasar

ARAHAN:
a) Kupas, inti, dan biji tomato.
b) Puree mereka dalam pemproses makanan anda sepatutnya mempunyai kira-kira 3 cawan puri.
c) Campurkan bahan yang tinggal
d) Tuangkan adunan ke dalam mangkuk pembuat aiskrim dan bekukan.
e) Sila ikuti manual arahan pengilang.

90. Sorbet Timun-Lime Dengan Serrano Chile

BAHAN-BAHAN:
- 2 cawan air
- 1 cawan gula
- 2 sudu besar sirap jagung ringan
- 2 biji cili serrano atau jalapeño, bertangkai dan berbiji
- 1 sudu teh garam halal
- 2 paun timun, dikupas, dibiji, dan dipotong menjadi kepingan besar
- ⅔ cawan jus limau nipis yang baru diperah

ARAHAN:
a) Dalam periuk kecil, satukan 1 cawan air dan gula. Biarkan mendidih dengan api sederhana, kacau untuk melarutkan gula. Keluarkan dari api, kacau dalam sirap jagung, dan biarkan sejuk.

b) Dalam pengisar, satukan baki 1 cawan air, cili, dan garam dan puri sehingga tiada ketulan yang kelihatan. Tuangkan adunan melalui penapis jaringan halus yang ditetapkan ke atas mangkuk.

c) Kembalikan air cili yang telah ditapis ke dalam pengisar, masukkan timun, dan kisar sehingga rata.

d) Tuangkan adunan melalui penapis jaringan halus yang ditetapkan ke atas mangkuk. Masukkan air limau nipis dan sirap gula. Tutup dan sejukkan sehingga sejuk, sekurang-kurangnya 4 jam atau sehingga 8 jam.

e) Bekukan dan kisar dalam pembuat ais krim mengikut arahan pengilang. Untuk konsistensi lembut, sajikan sorbet dengan segera; untuk konsistensi yang lebih pejal, pindahkan ke dalam bekas, tutupnya, dan biarkan ia mengeras di dalam peti sejuk selama 2 hingga 3 jam.

91. Sorbet Pes Kacang Merah

BAHAN-BAHAN:
- Satu tin 18 auns pes kacang merah manis
- 1 cawan air
- 1 ½ cawan sirap ringkas

ARAHAN:

a) Letakkan pes kacang dan air dalam pemproses makanan dan puri sehingga halus. Masukkan sirap ringkas.

b) Tuangkan adunan ke dalam mangkuk pembuat aiskrim dan bekukan. Sila ikuti manual arahan pengilang.

92. Sorbet jagung dan koko

BAHAN-BAHAN:
- ½ cup masa harina
- 2½ cawan air, tambah lagi mengikut keperluan
- 1 cawan gula
- ½ cawan serbuk koko proses Belanda tanpa gula
- Secubit garam halal
- ¾ sudu teh kayu manis Mexico yang dikisar
- 5 auns coklat pahit atau separuh manis, dicincang halus

ARAHAN:
a) Dalam mangkuk, gabungkan masa harina dengan ½ cawan air.

b) Campurkan dengan tangan anda sehingga anda mendapat doh yang seragam. Jika terasa agak kering, campurkan lagi beberapa sudu air dan ketepikan.

c) Dalam periuk besar, pukul bersama baki 2 cawan air dan gula, serbuk koko dan garam. Didihkan dengan api sederhana, kacau berterusan untuk mencairkan gula.

d) Masukkan campuran masa, kembali mendidih, dan masak, kacau berterusan, sehingga adunan sebati dan tiada ketulan, kira-kira 3 minit. Pukul kayu manis dan coklat, sehingga coklat cair. Pindahkan asas ke dalam mangkuk, tutup, dan sejukkan sehingga sejuk, kira-kira 2 jam.

e) Pukul asas untuk menggabungkan semula. Bekukan dan kisar dalam pembuat ais krim mengikut arahan pengilang. Untuk konsistensi lembut, sajikan sorbet dengan segera; untuk konsistensi yang lebih pejal, pindahkan ke dalam bekas, tutup dan bekukan selama tidak lebih dari 1 jam sebelum dihidangkan.

93. Sorbet Pudina Timun

BAHAN-BAHAN:
- 2 timun besar
- $\frac{1}{2}$ cawan daun pudina segar
- $\frac{1}{4}$ cawan gula
- 2 sudu besar jus limau nipis
- Secubit garam

ARAHAN:

a) Kupas dan potong dadu timun.

b) Dalam pengisar atau pemproses makanan, satukan timun yang dipotong dadu, daun pudina, gula, jus limau nipis dan garam. Kisar hingga sebati.

c) Tapis adunan melalui ayak berjaring halus untuk mengeluarkan sebarang pepejal.

d) Tuangkan adunan yang ditapis ke dalam pembuat aiskrim dan kisar mengikut arahan pengilang.

e) Setelah dikacau, pindahkan sorbet ke dalam bekas bertutup dan bekukan selama beberapa jam untuk mengeras.

f) Hidangkan sorbet pudina timun dalam mangkuk atau gelas sejuk sebagai hidangan yang menyegarkan dan menyejukkan.

94. Sorbet Lada Merah Panggang

BAHAN-BAHAN:
- 2 lada benggala merah besar
- ¼ cawan gula
- 2 sudu besar jus lemon
- Secubit garam
- Sedikit lada cayenne (pilihan untuk tendangan pedas)

ARAHAN:
a) Panaskan ketuhar hingga 400°F (200°C).
b) Potong lada benggala merah separuh dan keluarkan biji dan selaputnya.
c) Letakkan separuh lada pada lembaran penaik, potong ke bawah.
d) Panggang lada dalam ketuhar selama 25-30 minit atau sehingga kulit hangus dan melepuh.
e) Keluarkan lada dari ketuhar dan biarkan ia sejuk. Setelah cukup sejuk untuk dikendalikan, kupas kulitnya.
f) Dalam pengisar atau pemproses makanan, satukan lada merah panggang, gula, jus lemon, garam dan lada cayenne (jika menggunakan). Kisar hingga sebati.
g) Tapis adunan melalui ayak berjaring halus untuk mengeluarkan sebarang pepejal.
h) Tuangkan adunan yang ditapis ke dalam pembuat aiskrim dan kisar mengikut arahan pengilang.
i) Setelah dikacau, pindahkan sorbet ke dalam bekas bertutup dan bekukan selama beberapa jam untuk mengeras.
j) Hidangkan sorbet lada merah panggang dalam mangkuk atau gelas sejuk sebagai pembuka selera atau pencuci mulut yang unik dan berperisa.

95. Bit dan Sorbet Oren

BAHAN-BAHAN:
- 2 bit sederhana, masak dan dikupas
- Perahan dan jus 2 oren
- $\frac{1}{4}$ cawan gula
- 2 sudu besar jus lemon
- Secubit garam

ARAHAN:
a) Potong bit yang dimasak dan dikupas menjadi kepingan.
b) Dalam pengisar atau pemproses makanan, satukan ketulan bit, kulit oren, jus oren, gula, jus lemon dan garam. Kisar hingga sebati.
c) Tapis adunan melalui ayak berjaring halus untuk mengeluarkan sebarang pepejal.
d) Tuangkan adunan yang ditapis ke dalam pembuat aiskrim dan kisar mengikut arahan pengilang.
e) Setelah dikacau, pindahkan sorbet ke dalam bekas bertutup dan bekukan selama beberapa jam untuk mengeras.
f) Hidangkan bit dan sorbet oren dalam mangkuk atau gelas sejuk untuk pencuci mulut yang bertenaga dan tajam.

SORBETS SUP

96. Gazpacho Sorbet

BAHAN-BAHAN:
- 2 ½ cawan Gazpacho sejuk
- 2 sudu besar jus lemon segar
- 1 sudu teh garam
- 1 cawan air
- 1 cawan jus tomato
- ¼ sudu teh Tabasco
- 4 kisar lada hitam segar

ARAHAN:
a) Campurkan semua bahan, sesuaikan perasa mengikut citarasa.

b) Tapis adunan dan simpan ketulan sayur.

c) Tuangkan cecair ke dalam mangkuk mesin dan selepas membekukan selama 10 minit, kacau dalam sayur-sayuran yang telah dikhaskan dan beku sehingga pejal.

97. Sup Ayam dan Sorbet Dill

BAHAN-BAHAN:
- Stok ayam buatan sendiri yang kaya 1 liter
- 2 sudu besar padat, dill segar dicincang halus
- 2 hingga 4 sudu besar jus lemon segar
- Garam dan lada sulah yang baru dikisar secukup rasa

ARAHAN:

a) Masukkan semua bahan ke dalam mangkuk mesin aiskrim dan bekukan.

98. Lobak Merah Halia Sorbet

BAHAN-BAHAN:
- 4 lobak merah besar
- Sekeping 1 inci halia segar, dikupas
- $\frac{1}{2}$ cawan gula
- $\frac{1}{4}$ cawan air
- 2 sudu besar jus lemon

ARAHAN:
a) Kupas dan potong lobak merah menjadi kepingan kecil.
b) Dalam pengisar atau pemproses makanan, satukan lobak merah yang dicincang, halia segar, gula, air dan jus lemon. Kisar hingga sebati.
c) Tapis adunan melalui ayak berjaring halus untuk mengeluarkan sebarang pepejal.
d) Tuangkan adunan yang ditapis ke dalam pembuat aiskrim dan kisar mengikut arahan pengilang.
e) Setelah dikacau, pindahkan sorbet ke dalam bekas bertutup dan bekukan selama beberapa jam untuk mengeras.
f) Hidangkan sorbet halia lobak merah dalam mangkuk atau gelas yang disejukkan untuk pembersih lelangit yang bertenaga dan berair.

99. Cendawan Consommé Sorbet

BAHAN-BAHAN:
- 8 auns cremini atau cendawan butang, dicincang
- 4 cawan sup sayur
- 2 ulas bawang putih, dikisar
- 2 sudu besar kicap
- 1 sudu besar jus lemon
- 1 sudu teh gula
- ½ sudu teh garam
- ¼ sudu teh lada hitam

ARAHAN:

a) Dalam periuk, satukan cendawan, sup sayur-sayuran, bawang putih cincang, kicap, jus lemon, gula, garam, dan lada hitam. Didihkan adunan dengan api sederhana.

b) Kecilkan api dan biarkan adunan mendidih selama kira-kira 20 minit, membenarkan perisa meresap.

c) Keluarkan dari haba dan biarkan campuran sejuk ke suhu bilik.

d) Tapis campuran melalui ayak berjaring halus untuk mengeluarkan sebarang pepejal dan memastikan konsomme yang licin.

e) Tuangkan consommé yang ditapis ke dalam pembuat ais krim dan kisar mengikut arahan pengilang.

f) Setelah dikacau, pindahkan sorbet ke dalam bekas bertutup dan bekukan selama beberapa jam untuk mengeras.

g) Hidangkan cendawan consommé sorbet dalam mangkuk atau gelas sejuk sebagai pembuka selera atau pencuci mulut yang menyegarkan dan menyegarkan.

100. Sorbet Timun Tembikai

BAHAN-BAHAN:
- 4 cawan tembikai, dibiji dan dipotong dadu
- 1 timun, dikupas dan dipotong dadu
- $\frac{1}{4}$ cawan gula
- 2 sudu besar jus limau nipis
- Daun pudina untuk hiasan (pilihan)

ARAHAN:
a) Dalam pengisar atau pemproses makanan, satukan kiub tembikai, timun potong dadu, gula dan jus limau nipis. Kisar hingga sebati.

b) Tapis adunan melalui ayak berjaring halus untuk mengeluarkan sebarang pepejal.

c) Tuangkan adunan yang ditapis ke dalam pembuat aiskrim dan kisar mengikut arahan pengilang.

d) Setelah dikacau, pindahkan sorbet ke dalam bekas bertutup dan bekukan selama beberapa jam untuk mengeras.

e) Hidangkan sorbet timun tembikai dalam mangkuk atau gelas sejuk. Hiaskan dengan daun pudina segar jika dikehendaki, untuk kesegaran tambahan.

KESIMPULAN

Kami harap anda seronok menerokai dunia sorbet melalui " Sorbet: Resipi Menyegarkan untuk Hidangan Beku yang Tidak Ditahan." Kami mereka bentuk buku masakan ini untuk memberi inspirasi kepada kreativiti anda dan menggalakkan anda bereksperimen dengan perisa, tekstur dan persembahan untuk mencipta sorbet yang benar-benar menggembirakan deria. Daripada gabungan buah-buahan klasik kepada kelainan yang unik dan eksotik, resipi yang dikongsi dalam buku masakan ini menawarkan pelbagai pilihan untuk setiap selera. Sama ada anda lebih suka rasa jeruk, kemanisan buah beri, atau kehalusan herba dan rempah ratus, sorbet mempunyai kemungkinan yang tidak berkesudahan. Jadi dapatkan pembuat ais krim anda, kumpulkan bahan kegemaran anda dan biarkan imaginasi anda berjalan liar sambil anda terus menerokai dunia sorbet buatan sendiri. Semoga setiap sudu beku membawa anda kegembiraan, penyegaran dan sentuhan manis dalam hidup anda. Ceria kepada banyak pengembaraan sejuk beku yang lazat!